"물보다 피가 진하다"라고 세상 사람은 말하지만, 기독교인들은 "물이 피보다 진하다"라고 말한다. 세례의 물을 가리키는 말이다. 그런데 웃프게도 세례의 물을 "갈라지게 하는 물"이라고 부른다. 예를 들어 세례의 물은 장로교회와 침례교회를 갈라 친다. 특별히 유아 세례의 경우가 그렇다. 한국에서도 널리 알려진 신약신학자 스캇 맥나이트가 유아 세례의 정당성과 유익성을 옹호하는 책을 냈다. 한때는 침례교인이었으나 지금은 성공회 교인인 그는 세례 신학 일반에 관해 진술하면서 유아 세례의 성경적 기반에 집중한다. 하나님의 왕 되심과 그분의 신실하심을 자신의 핵심적 신학 사상으로 삼는 맥나이트는 유아 세례에 관해서도 같은 입장을 견지한다. 즉 성례로서 세례는 신자 개인의 고백적 믿음이 먼저가 아니라 하나님의 은혜로운 언약이 우선임을 보여주는 교회의 예전이라는 것이다. 따라서 유아 세례는 언약 공동체로서 가정과 교회가 한 어린아이의 신앙 형성과 양육에 보금자리 역할을 담당하는 표징이 된다. 맥나이트는 유아 세례 이슈를 통해 가정과 교회에서의 신앙 양육의 실제적 중요성을 설득력 있게 제시한다. 성례와 예전을 무심하게 여기는 목회자들이나 신학도들, 세례의 성경신학적 함의와 교회론적·목회적 의의를 깊게 공부하고 싶은 독자들에게 귀중한 안내자가 될 것이다.

류호준 백석대학교 신학대학원 은퇴 교수

신약학자 맥나이트는 유아 세례에 대해 그다지 탐탁지 않게 여겼던 신앙-신학적 전통에서 자라며 교육받았으나 이제는 유아 세례의 성서적 가치와 교회사적 증언을 옹호하는 학자가 되었다. 그렇기 때문일까? 시종여일 진솔하면서도 덤덤한 필체가 인상적이다. 이런 점에서 이 작품은 유아 세례에 대한 저자의 커밍아웃과도 같다. 교회당에서 세례를 주고받는 행위는 신앙 공동체 안에서 일어나는 '인간 결단의 행위'로 간주되며 매우 중요하다. 하지만 이것보다 우선할 수밖에 없는 가치가 있음을 저자는 자신의 신앙-신학적 여정에서 새삼 깨닫게 된다. 세례는 자기 백성을 향한 '하나님의 긍휼 행위'라는 언약적 신실하심의 닻에 뿌리박혀 있는 것이다. 그렇기에 세례는 개인적 고백과 결단을 넘어 그리스도 및 그리스도의 몸인 교회와의 신비스러운 연합이라는 은혜의 강수에 잠기는 사건이다. 나아가 유아 세례는 교회의 성례이자 동시에 믿는 가정 안에서 부모와 가족 구성원들의 신앙적 돌봄이 전제되는 '우리들의 세례'가 된다. 세례 전반에 걸친 주제를 성서적 조망 아래 이렇게 실제적이면서도 쉽게 서술한 책은 흔치 않다. 유아 세례 찬반을 떠나 여러 교단/교파의 성도와 신학생과 목회자에게 큰 유익을 주리라 의심치 않는다.

허주 아세아연합신학대학교 신약학 교수,
한국복음주의신약학회 회장

침례교에서 성장했고 유아 세례에 관한 문제로 깊이 씨름했던 한 사람으로서 나는 이 책을 수년 전에 읽었다면 얼마나 좋았을까 생각해본다. 맥나이트는 우리에게 길이 남을 만한 선물, 곧 신학적으로 풍성하고 진지하며 전통에 뿌리를 두고 있으면서도 가독성이 뛰어난 책을 현대 교회에 안겨주었다. 아이들의 엄마이자 사제로서 나는 이 책을 수많은 친구와 교인들의 손에 들려주고 싶다. 만약 당신이 유아에게 과연 세례를 줄 것인지 머뭇거린다면 이 책은 반드시 읽어야 할 필독서임이 틀림없다.

티쉬 해리슨 워런 북미 성공회 사제

탁월함과 강력함과 현명함을 두루 갖추고, 성경적으로나 신학적으로 설득력 있는 책이라는 평가는 언제나 스캇 맥나이트의 저서를 아주 잘 대변해준다. 그런데 이번에도 유아 세례에 관한 이 책에서 그 진가를 다시 한번 잘 보여준다. 유아 세례에 관해서는 수많은 오해와 혼란이 있어왔는데, 스캇은 이 주제를 아주 명쾌하게 풀어낸다. 따라서 설령 당신이 이 책을 읽고 나서도 그의 주장에 설득되지 않는다 하더라도 당신은 스캇과 나와 같은 사람이 왜 유아 세례가 기독교 제자도를 실현하는 데 필수적이라고 생각하는지를 잘 알게 될 것이다.

마크 갤리 크리스채너티 투데이 편집장

스캇 맥나이트는 유아 세례에 관해 상당히 논쟁적이면서도 궁극적으로 설득력 있는 견해를 본서를 통해 제시한다. 그는 과거에 재침례파 신자로서 신자 세례를 받았다가 현재는 성공회 신자로서 유아 세례 지지자로 선회한 그의 신앙 여정을 글로 서술한다. 맥나이트는 이 책에서 유아 세례에 관해 성경에 입각하여 강력한 변증을 펼친다. 하지만 그는 단순히 누가 세례를 받아야 하며 어떻게 받아야 하는지의 문제만을 다루지 않는다. 이 책의 탁월함은 맥나이트가 세례의 의미가 무엇이며, 피세례자에게 어떤 일이 일어나며, 또 유아에게 세례를 주기 위해서는 왜 진정으로 교회가 필요한지를 아주 우아하면서도 세련되게 설명해 준다는 데 있다. 이 책을 조심해서 읽기 바란다. 이 책은 회심, 믿음, 가정, 어린이 사역, 교회에 대한 당신의 전반적인 견해를 완전히 뒤바꿔놓을 수 있다.

마이클 F. 버드 호주 멜버른 소재 리들리 신학교 신약학 교수

『교회와 유아 세례』에서 스캇 맥나이트는 유아 세례에 관해 오늘날까지 제시된 견해 가운데 가장 설득력 있는 주장을 선보인다. 맥나이트는 증거 본문을 간간이 '뿌려주는' 데 만족하지 않고 그의 독자들을 이 고대 기독교의 관행에 내재해 있는 성경적·역사적·예전적 신학이라는 물 안으로 '빠뜨린' 후, 자신의 생각이 어떻게 바뀌게 되었는지에 대한 개인 간증으로 완전히 인을 쳐버린다. 이 책을 읽으라. 그리고 당신이 받은 세례를 기억하라!

조엘 스캔드렛 트리니티스쿨포미니스트리
로버트 E. 웨버 센터 역사신학 교수

누군가는 이 책을 써야 했는데 우리는 아마도 이 책을 스캇 맥나이트가 쓰기를 기다렸던 것 같다. 『교회와 유아 세례』는 뿌리 깊은 기독교 신앙에 끌리면서도 양심이라는 장애물과 마주하는 수많은 그리스도인들에게 매우 절실한 처방전이라고 할 수 있다. "네, 맞습니다. 교회는 지금까지 유아에게 세례를 베풀어왔지만, 과연 그러한 관행은 실제로 성경적이라고 할 수 있나요? 그러한 행위는 과연 실제로 무언가를 성취하나요, 아니면 단순히 상징적인 것인가요?" 이러한 과정을 친히 통과한 사람으로서 맥나이트는 이 문제를 비롯하여 기타 다른 문제에 대한 성경적 근거를 충분히 제시하면서 단지 소규모의 주해적 접전(接戰)에 집중하기보다는 하나님의 백성과 하나님의 구원 행위에 대한 전체론적인 성경 신학을 제시한다. 나는 위와 같은 질문을 던지는 모든 그리스도인들에게 이 책을 적극적으로 추천한다.

가우드 P. 앤더슨 나쇼타하우스 신학교 총장

It Takes a Church to Baptize

What the Bible Says about Infant Baptism

Scot McKnight

It Takes a Church to Baptize

교회와 유아 세례

나는 왜 유아 세례를 지지하는가?

스캇 맥나이트 지음
홍수연 옮김

새물결플러스

바울이 선교한 베뢰아 사람들 같이

“너그러운 마음”으로 성경을 펴서

“이것이 그러한가 하여 날마다 성경을 상고”하는 이들에게

이 책을 바칩니다.

“그중에 믿는 사람이 많고”

(행 17:11-12에 기초하여).

차례

머리말: 토드 D. 헌터 15

서문: 편지 한 통 21

제1장 우리의 세례: 여섯 가지 핵심 단어 27

제2장 세례: 교회와 가정 59

제3장 세례식과 서약 81

제4장 세례에 관한 중요한 세 가지 주제 99

제5장 성경과 유아 세례 123

제6장 세례를 주는 행위 159

제7장 나의 개인 간증 171

후기: 제럴드 R. 맥더못 185

머리말

1979년에 나는 세례를 받고 신앙을 저버린 젊은 가톨릭 신자들로 가득한 어느 한 도시의 젊은 교회 개척자였다. 나는 그 어린 소녀가 무슨 잘못을 했는지 정확히 기억나지는 않지만(혼전 성관계? 미성년자 음주? 마약 복용 시도?), 가톨릭 신자였던 그녀의 어머니가 눈물을 흘리며 목메어 그 소녀를 향해 절규하던 모습을 결코 잊을 수가 없다. **"어떻게 그런 짓을 할 수 있니? 너는 세례를 받았잖아!"**

그 순간은 유아 세례는 죽었고 (주로 이혼으로 끝나는 결혼 서약과 같이) 기껏해야 아무 쓸모 없는 종교 의식에 불과하다는, 그 당시 나의 편견을 상기시켜주면서 이를 확증해주었다. 그 순간은 또한 유아 세례가 일반적으로 한 영혼을 실제적인 구원에 이르게 할 수 없다는 나의 우려를 한층 더 강화시켜주었다.

가톨릭 신자들과 주류 개신교 신자들을 잠시 차치해둔다면 20세기 중반의 복음주의자들도 구원과 제자도에 관한 그들 자신의 과오에 대해 비판을 받을 만하다. 하지만 1960년대와 1970년대에 유아 세례를 베풀던 주류 교단들의 상태를 보고 그것이 다 무슨 소용이 있었느냐고 묻는다 하더라도 누가 우리를 비난할 수 있겠는가? 어쩌면 우리는 유아 세례와 불신앙—유아 세례와 수많은 부모들의 눈물과 고성(高聲)!—간의 상관관계를 더욱더 쉽게 연결할 수 있을 것이다.

바로 이러한 상황에서 나의 친구이자 동료인 스캇이 아주 소중한 목소리를 낸다. 그는 세례를 제대로 주기 위해서는 **교회 공동체**와 가정—후견인과 대부모와 함께 기도하는 회중—이 **필요하다**고 주장함으로써 이 문제에 대한 해결책을 제시한다.

그러나 나는 한때 젊은 복음주의자로서 이와는 정반대로 믿었다. 세례는 과거에 일어난 구원의 순간을 표시하는 것이며, 더 나아가 나는 이것이 바로 예수의 명령을 따르고 세례를 받으라는 성경의 규범을 따르는 **개인의** 결단이라고 믿었다. 세례는 본질적으로 오직 나와 하나님만의 문제다. 우리는 한 가족으로서도, 그리고 심지어 친구 그룹으로서도 아닌 한 **개인으로서** 구원을 받기 위해 예배당 중앙 통로를 따라 "앞으로 걸어나갔다." 우리는 우리 가족이 속한(일반적으로 주류 교단에 속한) 교회를 무자비하게 비난하며 거부했다! 내가 성인으로서 세례를 다시 받을 때 침례탕 주변에는 여러 사람들이 서 있었지만, 그들은 나와 하나님 사이에서 일어나는 일에서 멀리 떨어져 있는 단지 구경꾼에 불과했다. 적어도 나는 그렇게 생각했다.

오늘날로 다시 돌아와, 나는 예수 운동(갈보리 채플)과 복음주의 내의 은사주의적 분파(빈야드 운동)로부터 성례파—구체적으로 북미 성공회—에 이르기까지의 나의 신앙 여정에 관해 자주 질문을 받는다. 결국 상대방은 대화 중에 나에게 다음과 같이 물어볼 것이다. 당신은 헌아식과 성인 세례를 받았는데, 어떻게 유아 세례를 받아들이고 또 실제로 거행하게 되었습니까? 내가 성공회 공동체에 들어가는 문제를 고려하며 성공회의 신학적 지형을 연구할 당시 해결해야 할 가장 큰 신학적 이슈는 단 한 가지였는데, 그것이 바로 유아 세례였다.

나의 견해로는 예전 형식, 성직자의 위계 질서, 성직자 예복 등 성공회 예배의 보다 더 외형적인 측면은 운명을 가를 만큼 절대적으로 중요한 이슈는 아니었다. **나는 사람들이 그리스도 앞으로 나아와 그리스도 안에서 성장하는 것을 돕는 교회**를 지향하는 접근법은 그 어떤 것이라도 기꺼이 받아들이고 환영한다. 그러나 2000년도 선거에 빗대서 말하자면 나에게는 유아 세례라는 신학적 "천공 부스러기"(hanging chad)가 아직 남아 있었다. 다행히 나의 오랜 경험에 비추어 유아 세례를 재검토한 결과 성공회 신학이 많은 경우 정통 신학의 중심에 있다는 사실을 멋지게 입증해주었다. 1970년대에 예수 운동을 지지하던 젊은 복음주의자로서 내가 좋아했던 작가 중에는 C. S. 루이스, J. I. 패커, 존 스토트 같은 성공회 신자들이 포함되어 있었다. 그들은 모든 면에서 신뢰할 만하며 애정이 깊고 지성을 갖춘 경건한 사람을 대표하는 인물들이 아닌가? 나중에 나는 **나와 생각이 비슷해서** 내가 쉽게 공감할 수 있는 톰 라이트와 스캇 맥나이트 같은 신뢰와 존경을 받을 만한 다른 작가도 발견했다.

유아 세례를 지지하는 이들을 통해 나는 몇 가지 확신을 얻게 되었다.

1. **신학적으로:** 20세기의 개인 구원으로 축소된 구원론보다 언약 신학과 공동체의 맥락에서 볼 때 유아 세례는 타당하다.
2. **성경적으로:** 유아 세례와 관련된 성경 본문(스캇은 이 본문들을 능숙하게 다룬다)은 적어도 유아 세례를 허용하고, 분명히 암시하며, 심지어 어쩌면 이를 강조한다.
3. **역사적으로:** 시대와 장소를 초월하여 대다수 기독교 교단은 유아 세례를 실천해왔다.
4. **개인적으로:** 기독교 가정에서 자라난 나는 유아 시절 연합침례교회에서 유아 세례를 받았다. 나중에 다시 세례를 받을 때 나는 대중 앞에서 확실하게 무언가를 말했다. "**이것이 예수를 따르는 데 있어 나의 첫걸음입니다.**" 나는 세례를 신앙의 시작이자 순종이라고 생각했으며, 예수와 그의 백성, 그리고 그가 창시하고 완성하고자 했던 운동과 하나가 되는 것으로 생각했다. 이제 나는 스캇이 주창하는 방식대로 실천할 경우 유아 세례 역시 이와 동일한 역할을 수행할 능력이 있음을 알고 있다.

이것이 나에 관한 이야기이며, 나는 이것이 당신이 이 책을 읽을 준비를 하는 데 도움이 되기를 바란다.

스캇 맥나이트는 신중한 사고를 하면서 하나님과 교회와 성경 말씀을 사랑하는 사람이다. 그가 제시하는 유아 세례를 위한 비전은 바로 이런 사랑에서 비롯된 것이며 그 사랑에 몰두한 결과다. 이 책에 담긴 그의 연구 결과물은 차세대 부모들이 다음과 같이 기쁘게 증언할 수 있도록 도울 것이다. **"너는 당연히 예수를 따랐어. 그래서 너는 세례를 받은 거야!"**

토드 D. 헌터

성공회 주교, 포더세이크오브아더스 교회

서문: 편지 한 통

나는 아래와 같이 매트가 보낸 것과 비슷한 편지를 자주 받는다. 편지가 아닌 경우에는 학생들이나 친구들, 목사들, 혹은 어디선가 내 강연을 들은 사람이 내게 던지는 질문을 받곤한다. 오로지 개인적으로 신앙고백을 한 신자에게만 세례를 주어야 한다고 믿는 이들은 유아 세례를 인정하는 이들과 갈등을 일으킬 수 있다. 이 편지는 이러한 문제의 핵심을 드러낸다.

스캇에게,

안녕하세요?

제 소개를 드리자면 제 이름은 매트이고, 저는 ACNA 소속의 성공회 사제입니다. 저는 당신의 블로그와 팟캐스트를 즐겨 읽고 듣는 당신의 팬입니다. 제게는 질문이 하나 있는데, 저는 당신이 제 질문에 통찰력 있는 답변을 줄 수 있으리라는 생각이 듭니다. 성공회 신자가 되신 분으로서, 그리고 신약성경 학자로서 당신은 성인에게만 세례를 주는 전통을 따르는 교단에서 온 사람들에게 유아 세례를 어떻게 설명하시겠습니까?

유아 세례를 다른 사람들에게 설명하려고 할 때 저는 이것을 성경 전체에 대한 정경적 읽기에 기초하여 논리적으로 추론할 수 있다는 신념을 가지고 접근하지만, 이 방법은 "성경에서 증거 본문을 보여 달라"고 요구하는 이들에게 잘 통하지 않습니다. 이와 관련하여 당신은 유아 세례를 통해 무슨 일이 일어나는지 어떻게 설명하십니까?

성공회 신도로서 당신은 분명히 우리가 거행하는 세례 의식에서 세례의 물을 통한 거듭남과 회심이란 용어가 자주 사용된다는 것을 잘 알고 계실 것입니다. 당신은 개인의 믿음을 고백하지 못하도록 막는 이러한 용어에 대해 사람들이 갖는 우려를 어떻게 덜어주실 수 있습니까?

저는 이러한 질문이 이메일로 답하기에는 상당히 어렵다는 것을 잘 알고 있습니다. 만일 어떤 논문이나 블로그에 게시된 글을 저에게 알려주신다면 그것 역시 좋다고 생각합니다. 하나님이 지속적으로 당신의 사역에 복 주시길 기도합니다. 당신의 사역은 분명 저에게 많은 도움이 되었습니다!

매트 드림[1]

이 책은 매트의 질문과 그 질문 배후에 있는 몇 가지 질문에 답변을 제시하고자 한다. 나는 오늘날 성공회를 비롯하여 「공동 기도서」(*The Book of Common Prayer*), 거기에 실린 아름다운 기도 또는 "기도문", 성구집에 따른 주일 예배, 교회력에 따른 예전 순서 등에 관심이 있지만, **마음속 깊은 곳**에서는 성경이 유아 세례를 가르치고 있다는 확신이 없고 유아에게 세례를 주는 것이 개인적인 회심의 중요성을 감퇴시킨다는 우려를 표명하는 많은 이에게 특별한 관심을 갖고 있다. 그들 가운데 다수는 자신들이 우려하는 유아 세례에 관해 신약학자이자 성공회 주교인 마이클 그린(Michael Green)이 쓴 다음과 같은 글에 깊이 공감할 것이다. "침례교와 열린 형제교회, 그리고 영국의 많은 가정 교회와 빠르게 성장하는 해외의 독립교회들은 유아 세례를 줄 만한 적절한 근거가 없다는 답변을 내놓는다. 유아 세례는 수치스러운 일이다. 그것은 명목상의 기독교인을 대거 양산하는 것이다. 그것은 사람들이 그리스도인과는 상관이 없음에도 자신들이 그리스도인이라고 착각하게 만들어 복음에

1 저자에게 보내는 편지. 2017년 1월 30일. 허락하에 사용함.

대해 무감각하게 만드는 것이다."[2]

영국에서 우려하는 것에 대한 마이클 그린의 이러한 지적은 미국의 상황에 더욱더 시의적절하다. 주류 교단들이 계속 쇠퇴해감에 따라 그린이 지적한 내용은 그가 자신의 책을 집필할 당시보다 오늘날 훨씬 더 사실로 드러나고 있다. 우리는 우리 가운데 많은 이들이 비록 유아기에 세례를 받긴 했지만, 지금은 예수를 따르지 않고 있음을 잘 알고 있다. 많은 이들은 나중에 그리스도께로 돌아와 그들이 받은 유아 세례를 무시하고 다시 침례를 받았고, 또 많은 이들은 성경이 유아 세례를 실제로 가르친다고 어떻게 믿을 수 있는지 알고 싶어 한다.

지금이 바로 "세례의 물과 함께 아기를 내버리지 마십시오"라고 말할 수 있는 때다.

나는 여러 버전으로 『교회와 유아 세례』를 읽은 제이 그리너 목사를 비롯해 에단 맥카티, 제럴드 맥더못, 토드 헌터, 데니스 옥홀름, 존 암스트롱, 가우드 앤더슨, 마이크 버드 등 다수의 동료 성공회 신자에게 감사한다. 나는 그들의 피드백, 교정, 비평, 제안에 감사하며, 그 가운데 많

2 Michael Green, *Baptism: Its Purpose, Practice, and Power* (Downers Grove, IL: InterVarsity, 1987), 63-64.

은 부분은 실제로 이 책에 반영되었다. 이러한 여러 생각을 책에 포함시키는 과정에서 나는 성공회 안에 상당히 다양한 부류가 존재하며, (나처럼) 복음주의 성향에 가까운 일부와 앵글로 가톨릭에 가까운 다른 부류, 그리고 이 스펙트럼을 따라 다양한 위치에 다수가 존재하고 있다는 사실을 더욱더 실감하게 되었다.

It Takes a Church
to Baptize

제1장

우리의 세례

여섯 가지 핵심 단어

어쩌면 당신 역시 나와 같은 배경을 갖고 있을지도 모른다. 나는 침례교 신자로 자라났으며 내 인생의 거의 대부분을 침례교 신자의 세례관을 가지고 살아왔다. 침례교 신자가 된다는 것은 오직 신자만이 물이 가득 차 있는 침례탕에 완전히 잠기는 세례를 받아야 하며, 물을 뿌리거나 붓는 유아 세례는 잘못되었다고 믿는 것이다. 이것이 이상하게 보일지 모르겠지만, 성경을 읽으면서 유아 세례를 성경의 가르침에 가장 부합하는 견해로 받아들이기까지 나는 멀고도 험난한 여정을 통과해야만 했다. 많은 이들이 이 길을 앞서 걸어갔으며, 어쩌면 당신도 과연 이 길이 당신을 위한 길인지 고민하고 있을지도 모른다. 아무쪼록 나는 가정과 교회를 둘러싼 유아 세례 문제를 풀어나가기 위해 이 책이 성경적 사례를 제시하면서 이 주제에 신중하게 다가가기를 희망한다. 나는 이 책을 당신과 당신의 자녀와 우리 교회를 위해 집필했다. 유아 세례는 우리 자녀들을 믿음으로 키우기 위해 공식적으로 내딛는 첫걸음이다.[1]

---

1 침례교 신자 사이에서는 성인 혹은 신자의 세례에 관한 신학에 더 많은 시간을 투자하려는 노력이 커지고 있는데, 나는 이러한 진지한 노력에 감사한다. 초기의 대표적인 예로는 다음을 보라. George R. Beasley-Murray, *Baptism in the New Testament* (Grand Rapids: Eerdmans, 1962). 여러 침례교 신학자들이 저술한 더 최근의 에세이들은 지나치게 논쟁적이며, 유아 세례에 관한 성공회, 동방 정교회, 가톨릭교회의 다양한 관점을 무시한다. Thomas R. Schreiner and Shawn D. Wright, eds., *Believer's Baptism: Sign of*

당신은 이 말에 놀랄 수도 있다. 어쩌면 당신도 나처럼 어렸을 적에 자유주의 성향의 교회에서 유아들에게 세례를 준다는 말을 들은 적이 있을 것이다. 그들의 숫자를 보라. 그들의 교회는 해를 거듭할수록 점점 쇠퇴해가고 있다. 당신은 유아 세례를 받고 자란 어린이들이 자신들이 받은 세례를 진정으로 경험하지 못했다는 말을 들어 보았을 것이며, 또 유아 세례는 한 어린이를 저절로 교회에 들어오게 함으로써 나중에 복음에 반응할 필요도 없게 한다는 말도 들어 보았을 것이다. 사실 나 자신도 이러한 생각을 직접 해보았고, 나중에 이에 대한 내 생각이 바뀌었기 때문에 이러한 관심과 우려는 나에게 매우 소중한 것이다. 『교회와 유아 세례』는 유아 세례의 필요성을 성경에서 찾아 제시할 것이다. 따라서 당신에게 의구심이 생기거나 궁금한 점이 있다면 당신의 자녀를 신앙으로 양육하기 위한 힘을 지닌 유아 세례를 재고해볼 것을 정중히 요청하고 싶다.

---

the New Covenant in Christ (Nashville: B&H, 2007)을 참조하라. Timothy George가 Schreiner와 Wright의 저서에 쓴 머리말은 내가 이 책에서 말하려는 것을 보완해준다. George는 침례교 신자들이 다음과 같이 세례의 본질적인 관습을 새롭게 개혁할 필요가 있다고 생각한다. (1) 세례를 기독교 예배의 중심적인 요소로 만드는 것, (2) 제자도를 통해 세례를 실천해나는 것, (3) 어린이 신학을 통해 세례를 구성해나가는 것 등이다. 나는 Schreiner와 Wright의 저서의 나머지 장들이 George의 통찰력과 정중함을 받아들였기를 바란다.

첫째 단어: 가정

교회의 핵심 단위는 가정이며, "가정"은 1인 가족을 비롯하여 주변을 마구 뛰어다니는 여러 어린이를 둔 가족을 모두 포함한다. 목사와 교회 지도자들도 매우 중요하지만, 건강한 교회는 건강한 가정이 만들어 낸다. 따라서 어린이를 믿음으로 양육한다는 것—가정 교육, 주일학교 운영, 설교, 교육, 혹은 교리문답—은 영성 훈련을 위해 없어서는 안 될 생명줄이다. 어린이는 저절로 믿음으로 양육되는 것이 아니다. 가르치는 것보다 스스로 배우는 것이 더 많다는 말도 있지만, 가르침 없는 배움은 무의미한 것이다. 교회 안에서 유아 세례가 있어야 할 자리는 가정이다. 왜냐하면 아빠와 엄마가 세례를 주기 위해 자녀들을 교회 지도자에게로 데리고 나오기 때문이다.

이것은 나에게 있어 매우 중요한 문제다. 왜냐하면 이제 60대에 들어선 나는 나의 손자 악셀, 손녀 핀리, 그들의 부모인 루카스와 애니카, 그리고 크리스와 함께 거의 매 주일 성만찬 식탁 앞으로 걸어나가기 때문이다. 나는 우리 교회 사제인 제이 그리너나 부사제인 어맨다 홈 로젠그린이 말하고 행동하는 것을 듣고 보면서 나의 손자들을 자주 생각하곤 한다. 우리가 드리는 예배에서 행하는 모든 것은 우리가 말로 전하고 삶으로 실천하는 복음에 담긴 귀중한 것을 **구현한다**. 제이와 수잔 그리너가 앞에서 목회자로서의 임무를 수행할 때 그들의 손자들도 종종 그들을 지켜보고 있고, 어맨다와 에릭의 딸인 루티도 자기 엄마를 바라볼 나이가 다 되었다. 우리의 자녀들을 믿음의 사람으로 만들 수 있는 최선의 방법은 무엇인가? 그들을 믿음으로 양육할 수 있는 가장 근본적인 방법은 무엇인가? 그것은 바로 세례를 통해 그들이 교회로 들어오는 가정에서 시작된다.

유아 세례는 제이와 어맨다가 우리 앞에서 거행하는 것 중에 하나이며, 나는 우리 교회 안에 많은 어린이가 있어 참으로 기쁘다. 우리는 이 어린이 대다수의 세례식에 참석했다. 제이와 어맨다가 세례식을 거행하는 것을 보면서 내 머릿속은 여러 신학적인 이슈로 복잡하게 돌아간다. 그래서 나는 나처럼 믿음의 고백을 통해 세례를 받은 사람만 인정하는 배경에서 자라난 사람들이 왜 유아에게 세례를 베풀어야 하는지 이해할 수 있도록 돕는 내용을 모두 책 한 권에 담고 싶었다.

이 책은 우리가 하는 일과 우리가 교회로서 주님께 드리는 헌신이 무엇인지를 차례대로 설명할 것이다. 나는 이 책이 유아 세례가 가장 근본적이며 가장 지혜롭고 또 우리 자녀들을 믿음의 사람으로 만드는 데 가장 전통적인 기독교 방식이라는 것을 당신에게 보여주기를 원한다. 디트리히 본회퍼는 지대한 영향력을 행사하는 그의 저서 『나를 따르라』(*Discipleship*)에서 세례의 깊은 의미를 다음과 같이 드러낸다. "유아 세례와 관련하여 이것은 **이미 단번에 완성된 구원의 행위를 믿음으로 반복해서 기억하리라는 것이 확실한 경우에만** 성례를 베풀어야 한다는 것을 의미한다. **교회 공동체 없이** 베푸는 유아 세례는 단순히 성례를 남용하는 것이 아니다. 세례는 결코 반복될 수 없기 때문에 이는 어린이의 영적 복지를 다루는 문제에 있어 비난받아 마땅한 경솔함을 드러내는 것이기도 하다."[2] 본서는 본회퍼의 주장을 확증하고 그 주장의 근거를 보여줄 것이다. 즉 가정의 영성 훈련 없이, 그리고 청소년들의 영적 성숙을 위해 양육하고 가르치는 교회 없이 유아 세례를 베푸는 것은 세례의 의미를 훼손하는 것이다.

나는 가정이 세례에 있어 이토록 중요하기 때문에 이 책의 제목을 『세례를 주기 위해서는 가정이 필요하다』로 할까도 생각해보았다. 만약 독자들이 여기서 "가정"이라는 단어를 생각할 때 그 의미가 혈육 가족과 영적 가족(지역 교회), 그리고 교회 안에서 흔히 소외되고 "가정"이라는 단어에서 소외감을 느끼는 독신들을 모두 포함한다면 그 제목도 매우 적절하다고 할 수 있다.

둘째 단어: 성경

나는 장로교 소속 신학자이자 교회 지도자인 브라이언 채플(Bryan Chapell)이 예전에 유아 세례에 관해 그의 책자에 쓴 내용에 동의한다. "성경적 사고를 하는 그리스도인들은 자신들의 교회에서 행하는 관

---

2 Dietrich Bonhoeffer, *Discipleship*, Dietrich Bonhoeffer Works 4 (Minneapolis: Fortress, 2001), 211-12(강조는 덧붙여진 것임; 『나를 따르라』, 대한기독교서회 역간).

행이 성경에 의해 확증 받기를 원한다."[3] 유아 세례라는 주제가 나오면 나는 종종 "성경이 유아 세례를 가르치고 있나요?"라는 질문을 받는다. 나는 우리가 반드시 성경으로 시작해야 하고, 나 역시 성경 본문의 확증을 받기 원하지만, 그것은 적어도 이 한 가지만은 인정한다는 의미다. 나는 처음부터 사도 시대 교회에서 유아 세례를 베풀었다고 명시적으로 보여주는 본문이 신약성경에 없다는 것을 시인한다.[4] 신약성경의 그 어떤 본문도 "따라서 바울은 태어난 지 삼 일 된 보블리오의 딸 유니아에게 세례를 베풀었다"라고 명시적으로 기록하지 않는다. 이렇게 솔직하게 인정은 하지만, 만약 당신이 나의 설명을 따라와준다면 초기 교회가 실제로 유아 세례를 베풀었으며, 또 신약성경이 이 관행을 증언한다는 사실을 곧 보게 될 것이다. 유아 세례가 신약성경에 명시적

---

3 Bryan Chapell, *Why Do We Baptize Infants? Basics of the Faith* (Phillipsburg, NJ: P&R, 2006), 15. 그의 주장은 다음과 같다. (1) 침묵에 의한 논증—즉 유아에게 행하는 것이 유대교 관습으로 간주되는 세계에서 이와 반대되는 명령이 없다. (2) 가정 세례는 어린이와 다른 사람들도 암묵적으로 포함한다(15-24). 이 가운데 어느 것도 입증될 수 없다. 물론 각 주장은 이를 암시할 뿐이다.

4 그러나 막 10:14의 "금하다"라는 단어가 행 8:36; 10:47; 11:17의 세례 문맥에서 등장하기 때문에 일부 학자들은 이것이 이미 1세기에 유아 세례에 관해 논쟁이 있었음을 시사하는 것으로 간주한다. 다음을 보라. Oscar Cullmann, *Baptism in the New Testament*, trans. J. K. S. Reid, Studies in Biblical Theology 1 (London: SCM, 1950), 71-80; Joachim Jeremias, *Infant Baptism in the First Four Centuries*, trans. D. Cairns (London: SCM, 1960), 51-55. 이들의 이론은 David F. Wright가 제시한 초기 교회의 전통에 의해 도전받는다. David F. Wright, "Out, In, Out: Jesus' Blessing of the Children and Infant Baptism," in *Dimensions of Baptism: Biblical and Theological Studies*, ed. Stanley Porter and Anthony R. Cross, Journal for the Study of the New Testament 234 (London: Sheffield Academic, 2002), 188-206.

으로 나타나지 않을 수도 있다. 하지만 유아 세례는 암묵적으로 어떤 이들이 생각하는 것보다 훨씬 더 빈번하게 나타나 있다.

또한 우리는 사복음서에서 사도들의 글에 이르기까지 신약성경의 증거는 **성인들**이 회개하고 예수의 이름으로 세례를 받고, 또 아버지와 아들과 성령의 이름으로 세례를 받는 모습을 증언한다는 점을 인정해야 한다. 아울러 이때 베푼 세례는 물에 잠기는 방식으로 이루어졌을 가능성이 높다는 점도 인정해야 한다.[5] 그렇다면 성경에만 의존하는 이들에게 유아 세례는 어떻게 되는 것일까? 나는 5장에서 이에 대한 답변을 제시할 것이지만, 현 시점에서는 단지 이것만 언급하고자 한다. 비록 유아에게 세례를 베풀었다는 확실한 기사는 없지만, 유아 세례는 초기 가정 교회의 정황에서 행해진 가정 세례에 **암묵적으로** 포함되어 있다고 볼 수 있다.[6] 더 나아가 비록 신약성경에 유아 세례에 관한 관행

---

5 그러나 세례를 주는 방식은 다양하다는 점을 주목하라. 디다케 7.1-4는 다음과 같이 기록한다. "그러나 세례와 관련하여 다음과 같이 세례를 주라. 이런 말을 미리 한 다음 흐르는 물에서 성부와 성자와 성령의 이름으로 세례를 주라. 하지만 만약 흐르는 물이 없다면 어떤 다른 물에서 세례를 주라. 그리고 찬물에서 세례를 줄 수 없다면 따뜻한 물을 사용하라. 만약 그 어떤 물도 없다면 성부와 성자와 성령의 이름으로 물을 세 번 머리에 뿌려라. 그러나 세례를 주는 사람과 세례를 받는 사람은 모두 금식이 가능한 다른 사람들과 함께 세례 전에 금식해야 한다. 그러나 세례받는 사람에게 하루 혹은 이틀 전에 미리 금식할 것을 명령하라."

6 Roger W. Gehring, *House Church and Mission: The Importance of Household Structures in Early Christianity* (Peabody, MA: Hendrickson, 2004); *Peter Oakes, Reading Romans in Pompeii: Paul's Letter at Ground Level* (Minneapolis: Fortress, 2009). 분명 어떤 가정에는 아이가 없을 수도 있지만, 위의 본문에 나타난 각 가정의 회심과 세례의 사례에서 유아 혹은 어린이가 없었을 가능성은 매우 희박하다. Witherington은 그 집안에 유

이 명시적으로 나타나 있지는 않더라도, 세례가 옛 언약에서 할례의 역할에 해당하기 때문에 유아 세례에 관한 **신학**은 이미 새 언약에 포함되어 있다. 이러한 신학은 성경에 깊이 근거한 것이다.

나는 우리를 유아 세례로 이끄는 이 신학 안에서 작용하는 성경의 일부 거대한 사상에 관해 거론하기를 원한다. 우리는 나중에 이 책에서 고린도전서 7:14과 골로새서 2:11-12 같이 유아 세례를 옹호하는 성경 본문을 살펴볼 것이다.[7] 하지만 이 구절들을 살펴보기 이전에 나는 유아 세례 신학에 관해 조금 더 말하고 싶다. 유아 세례는 성경에 나타나 있는 거대한 사상들 때문에 타당성이 있다고 할 수 있다. 성경의 거대한 사상들은 용서와 구원뿐만 아니라 언약, 죄, 의식(ritual) 등을 포함한다.

여기서는 성경의 거대한 사상 가운데 두 가지만 간략하게 다룰 것인데, 먼저 의식에 관해 다루어보도록 하겠다. "의식"이라는 단어는 우리를 긴장하게 만들 수 있지만, 사실 의식은 인류 역사에서 상당

아가 있었다는 증거가 없다고 결론 내리는데, 그의 주장은 설득력이 없다. 왜냐하면 "집안"이라는 단어는 유아와 어린이를 포함하기 때문이다(즉 그들이 거기에 있었다면). Ben Witherington III, *Troubled Waters: The Real New Theology of Baptism* (Waco: Baylor University Press, 2007), 59-68을 보라. 이 본문들에서 우리가 최소한 추론할 수 있는 것은 우리가 **거기에 유아들이 있었는지 알 수 없거나, 혹은 거기에 유아들이 있었을 수도 있다**는 것이다. 유아들이 언급되지 않은 것을 가지고 그들의 부재를 주장하는 것은 "집안"의 의미와 모순된다.

7 이 구절들은 출 12:43-49; 민 9:6-14; 사 35:8; 52:1에 의해 뒷받침되어야 한다.

히 중요한 역할을 감당해왔다.[8] 우리는 의식을 행함으로써 인생의 전환점을 기념한다. 출생과 죽음, 결혼과 이혼, 학교 졸업, 새로운 직장 입사, 업적을 치하하는 축하 행사, 스포츠 경기에서 위대한 선수에게 주는 트로피 수여식 등이 그런 것이다. 더 길게 나열할 수도 있지만 이것으로도 충분하다. 내가 하고 싶은 말은 인간이 어떤 의식을 통해 인생의 큰 전환점을 맞이하고 또 인생의 업적을 기념하는 데는 인간으로서 무언가 심오한 것이 있다는 것이다. 의식과 종교는 서로 맞닿아 있다. 이는 의식과 인생이 서로 맞닿아 있기 때문이다. 성경에서도 고대 이스라엘 백성들은 할례를 통해 남자아이의 출생을 기념했고, 매년 다양한 의식과 더불어 축제를 벌임으로써 출애굽 당시의 해방의 기쁨을 기념했으며, 달력을 만들어 자신들에게 베푸신 하나님의 구속의 은혜를 잊지 않았다. 그들은 이 구속의 사건들을 어떻게 기념했을까? 의식을 통해서다. 유아 세례는 유대인들이 행한 할례와 같이 인생의 일반적인

8 인생의 분기점을 넘기 위한 의식적 정결함의 일상적인 존재는 1세기 사람들에게 **일종의 의식**을 필요하게 만들었다. 이에 관해서는 다음을 보라. Mary Douglas, *Purity and Danger: An Analysis of Concepts of Pollution and Taboo* (New York: Routledge, 2002); Catherine Bell, *Ritual Theory, Ritual Practice* (New York: Oxford University Press, 2009); Catherine Bell, *Ritual: Perspective and Dimensions,* rev. ed. (New York: Oxford University Press, 2009); Gerald S. Sloyan, "Jewish Ritual of the First Century C.E. and Christian Sacramental Behaviour," *Biblical Theology Bulletin* 15, no. 3 (1985): 98-103. 어린이에게 행해진 것이 의미하는 바는 우리 가까이에 있다. 세례에 관한 가장 철저한 연구에서 나온 매우 적절한 표현은 다음과 같다. "오직 고대 교회의 몇몇 이단 집단만이 신생아들을 탈수 상태에 빠뜨리고자 했다." Everett Ferguson, *Baptism in the Early Church: History, Theology, and Liturgy in the First Five Centuries* (Grand Rapids: Eerdmans, 2009), 854.

의식에 해당한다. 그러므로 성경이 이러한 의식들을 인정한다는 것은 놀라운 일이 아니다.

이제 유아 세례 신학에서 두 번째로 중요한 사상으로 넘어가보자. 세례 의식과 **구속**을 서로 연결하는 성경 본문이 때로는 무시되곤 하는데, 사실 사도들은 세례 의식을 배제하고 구원을 상상할 수 없었다. 우리 중에서 종교 의식을 문화 속에서는 보존하면서도 그 중요성을 약화시키는 자들만 사도행전 2:38, 갈라디아서 3:27, 베드로전서 3:21에서 세례 의식을 구원과 밀접하게 연관 짓는 것에 대해 의아해한다.[9] 다음 본문들은 성경이 어떻게 세례 의식과 구원을 서로 연결시키는지 볼 수 있게 해준다.

> 베드로가 이르되 "너희가 회개하여 각각 예수 그리스도의 이름으로 세례를 받고 **죄 사함을 받으라**." 그리하면 성령의 선물을 받으리니(행 2:38).

> 누구든지 그리스도와 합하기 위하여 세례를 받은 자는 **그리스도로 옷 입었느니라**(갈 3:27).

> 물은 예수 그리스도께서 부활하심으로 말미암아 이제 **너희를 구원하는**

---

9 나는 이 책 전반에 걸쳐 주로 내가 사용하는 성경구절의 장절만 표시하겠지만, 이번 1장에서는 독자들이 자세히 검토하길 바라는 마음에서 내가 언급하는 구절의 본문을 포함시킨다.

표니 곧 세례라. 이는 육체의 더러운 것을 제하여 버림이 아니요, 하나님을 향한 선한 양심의 간구니라(벧전 3:21).

유아 세례 신학 안에서 작용하는 이러한 거대한 사상들은 기독교 역사 거의 전반에 걸쳐 대다수의 교회가 유아 세례를 수용하도록 만들었다. 우리는 성경에서 이러한 거대한 사상들을 배운다.

셋째 단어: 복음

우리는 세례가 마치 마법과 같은 것인 양 그 의미를 격하시키거나, 성경이 세례에 관해 말하고자 하는 바를 제대로 파악하지 못해 세례에 관한 오해를 불러일으키지 말아야 한다. 우리는 바울이 "그리스도께서 나를 보내심은 세례를 베풀게 하려 하심이 아니요 오직 복음을 전하게 하려 하심이로되"(고전 1:17)라고 말하는 그의 강조점에 공감해야 한다. 즉 복음이 우선순위를 차지하고, 세례는 그 복음을 실제로 구현하는 것이다. 세례는 복음이 아니다. 하지만 복음은 세례에서 나타나고, 복음은 세례 안에서 구현된다. 세례는 하나님이 우리를 위해 행하신 일을 세상에 선포하는 공적인 행위다.

복음이란 무엇인가?[10] 복음은 하나님께서 이 세상을 통치하도록

10 Scot McKnight, *The King Jesus Gospel: The Original Good News Revisited,* 2nd ed. (Grand

그의 아들, 왕 예수를 이 땅에 보내신 좋은 소식을 선포하는 것이다. 하나님의 아들은 우리처럼 인간이 되어 우리를 하나님의 임재 앞으로 온전히 나아갈 수 있도록 인도하기 위해 이 땅에 보내심을 받았다. 사도 바울은 고린도전서에서 복음을 다음과 같이 분명하게 정의한다. "내가 받은 것을 먼저 너희에게 전하였노니 이는 성경대로 그리스도께서 우리 죄를 위하여 죽으시고 장사 지낸 바 되셨다가 성경대로 사흘 만에 다시 살아나사 게바에게 보이시고 후에 열두 제자에게와…"(15:3-5).

따라서 복음은 예수의 이야기가 구약성경에 기록된 이스라엘의 이야기를 성취한다는 방식으로 예수의 이야기를 전하는 것이다. 복음은 예수가 이스라엘이 오랫동안 고대해온 약속의 메시아임을 전하는 것이다. 그러나 예수의 이야기 중심에는 충격적인 두 가지 사건이 포함되어 있다. 그것은 바로 그의 죽음과 부활이다. 사람들은 메시아는 절대 죽지 않는다고 생각했다. 메시아는 죽지 않고 다스린다는 것이다. 그러나 예수는 죽었고, 놀라운 사실은 바로 그가 죽은 자 가운데서 다시 살아나셨으며, 하늘로 승천하셔서 하늘 보좌에 앉아 세상을 다스리시는 진정한 통치자가 되셨다는 것이다.

세례는 바로 이 두 가지 사건이 전면에 대두되는 예수의 이야기 속으로 빨려 들어가는 **수동적인** 행위다. 우리는 그의 죽으심과 부활과 합하여 세례를 받는다. 우리는 예수와 함께 죽고 예수와 함께 부활

Rapids: Zondervan, 2015; 『예수 왕의 복음』, 새물결플러스 역간).

한다. 따라서 "복음"은 세례가 무엇인지를 설명해주는 핵심 단어다. 세례는 예수의 삶 속으로 깊이 빠져드는 것이다. 우리는 세례를 통해 예수의 삶 속으로 빠져들어간다. 세례는 하나님이 행하신 일에 관한 것이지, 우리가 무언가 할 수 있는 일에 관한 것이 아니다.

세례는 복음 자체를 선포하고, 실천하고, 구현하고, 이해하는 가장 순수한 순간이다. 세례 안에서 복음은 작동한다.

넷째 단어: 회심

복음이 예수에 관해—그가 누구이며 어떤 일을 성취했는지에 관해—선포하는 것이라면 그 선포에 대한 적절한 반응 역시 존재한다. 복음에 대한 올바른 반응이란 무엇인가? 복음에 대한 올바르고 필수적인 반응은 두 가지 용어로 표현된다. 바울에게는 복음을 정의할 수 있는 기회를 주었으니 이제 그의 동료 사도인 베드로에게는 복음에 대한 반응을 정의할 기회를 주자. 반응을 설명하는 첫 번째 용어는 베드로의 첫 번째 복음 설교에서 발견할 수 있으며, 그 설교는 세상을 또 한 번 놀라게 한 오순절 날에 이루어졌다. "베드로가 이르되 '너희가 **회개하여** 각각 예수 그리스도의 이름으로 세례를 받고 죄 사함을 받으라. 그리하면 성령의 선물을 받으리니 이 약속은 너희와 너희 자녀와 모든 먼데 사람 곧 주 우리 하나님이 얼마든지 부르시는 자들에게 하신 것이라'"(행 2:38-39).

반응을 설명하는 두 번째 용어는 오순절 이후에 발견된다. "말씀을 들은 사람 중에 **믿는** 자가 많으니"(행 4:4). 얼마 후 전도자 빌립이 복음을 전했는데, 이에 관해 사도행전은 다음과 같이 기록한다. "빌립이 하나님 나라와 및 예수 그리스도의 이름에 관하여 전도함을 그들이 **믿고** 남녀가 다 세례를 받으니"(행 8:12).

이 두 용어—"회개하다"와 "믿다"—는 복음에 대한 적절하고 필수적인 반응을 나타낸다. 세례를 통해 우리는 예수가 누구인지를 고백하고, 예수에 대한 고백은 적절한 반응을 결정하며, 또 그 반응은 우리가 그에게 복종하고 그를 신뢰하며 우리 과거의 모습 그대로 그에게로 돌아서서 그를 향한 우리의 충성을 서약하는 것이다.[11] 이 용어들은 다 함께 우리가 흔히 말하는 "회심"이라는 단어로 요약된다.

이제 많은 이들은 이것이 어떻게 유아 세례에 적용될 수 있는지 궁금해할 것이며, 이에 대한 답변을 제시하기 위해서는 먼저 회심에 대한 간략한 논의가 선행되어야 한다.[12] 사도 바울의 경험에 비추어 보면 많은 이들에게 있어 회심이란 굉장히 갑작스럽게 일어나는 일이다. 갑작스러운 회심은 기독교 가정에서 성장하지 않은 이들에게서 훨씬

---

11 Matthew W. Bates, *Salvation by Allegiance Alone: Rethinking Faith, Works, and the Gospel of Jesus the King* (Grand Rapids: Baker Academic, 2017; 『오직 충성으로 받는 구원』, 새물결플러스 역간).

12 Scot McKnight, *Turning to Jesus: The Sociology of Conversion in the Gospels* (Louisville: Westminster John Knox, 2002).

더 빈번하게 발견된다. 하지만 베드로와 같은 경우도 있다. 우리는 설령 바울이 다메섹 도상의 일을 경험하기 이전에도 그의 영혼이 그리스도인들과의 교류를 통해 영향을 받았을 것으로 추측한다 하더라도 그가 그리스도께 자신의 인생을 갑작스럽게 바쳤다는 사실을 잘 알고 있다. 하지만 베드로는 어떠한가? 그는 언제 회심했는가? 베드로의 경우를 살펴보자.[13] 당신은 그가 언제 회심했다고 생각하는가? 요한복음 1장에서 시몬(베드로)에게 안드레가 메시아를 만났다고 일러주었을 때인가? 아니면 누가복음 5장에서 베드로가 밤새도록 물고기 한 마리도 잡지 못한 채 고기 잡는 일을 마친 다음 깊은 데로 가서 고기를 잡으라는 예수의 말씀에 순종하자 엄청나게 많은 물고기를 잡고 예수 앞에 엎드려 자신의 죄를 고백한 때인가? 아니면 베드로가 마가복음 8장에서 예수에게 그가 메시아라고 고백할 때인가? 혹은 베드로가 예수를 부인하고 나서 요한복음 21장에서 다시 믿음의 여정에 오를 때인가? 그것도 아니면 사도행전 2장에서 성령의 능력을 받았을 때인가? 또 아니면 사도행전 10-11장에서 드디어 베드로가 복음이 만인을 위한 것임을 깨달았을 때인가? 이러한 질문에는 "그렇다"가 모두 정답이다. 베드로는 복음이 새롭게 조명하는 빛에 계속해서 반응했고, 우리는 베드로—그리고 거의 모든 그리스도인(내 생각에는 그 어떤 예외도 없다)—를 대신하여 회심은 일생 전반에 걸쳐 진행되는 과정이며, 맡겼다 되찾는

13 마리아의 회심에 관해서도 이와 동일한 내용을 관찰할 수 있다.

것을 반복하는 인생 여정이라고 할 수 있다. 뿐만 아니라 베드로가 예수에게 보인 반응—어떤 사건을 두고 이야기하든지 간에—의 배후에는 그가 그러한 반응을 하도록 그를 준비시킨 삶이 있다. 베드로도 바울처럼 이스라엘 사람으로서 유아시절에 할례를 받았고, 그의 가족과 랍비들과 친구들에게 언약과 율법과 신실한 삶을 위한 교육을 받았다.

바울과 베드로는 서로 다른 유형의 회심을 보여준다. 교회 역사상 지금까지 회심에 대해서는 기본적으로 세 가지 접근 방법이 존재했다.[14] 이러한 접근 방법은 교회 내에 독특한 문화를 창조하고 조성해 왔으며, 이러한 다양한 문화는 사실 상호 간에 알레르기 반응을 일으킨다. 어떤 이들에게 회심은 갑작스럽게 일어나는 사건이다. 바울과 마르틴 루터, 척 콜슨과 같은 경우가 이에 해당한다. 한 사람이 굴복하고 믿고 고백하고 회개하고 세례를 받는 순간이 있다. 이것을 회심에 대한 개인의 결단 접근법이라고 하자. 다른 이들에게 회심은 한 사람의 개인적·심리적·지적·사회적 발달을 그 사람의 영적 발달 및 형성과 연결하는 하나의 사회학적 과정이다. 이것을 회심에 대한 사회학적 접근법이라고 하자. 세 번째 접근법은 보다 더 예전적 혹은 성례적이라고 할 수 있다. 회심은 (대다수의 경우) 한 사람이 세례를 받고 교리문답 과정을 마치고 입교하면서 20세 이전에 이루어진다. 어떤 교단 전통에는 "첫 번째 성체 배령(拜領)"(First Communion)이라는 것이 있다. 이것을 회심

14 나는 McKnight, *Turning to Jesus*, 1-25에서 이에 관해 기록한다.

에 대한 예전적 접근법이라고 하자. 비록 예전적 접근법이 교회에서 성례가 거행되는 순간에 더 큰 강조점을 두긴 하지만, 사회적 접근법과 예전적 접근법은 여러 부분에서 서로 중첩된다. 회심에 대한 이러한 접근법은 때로는 서로 알레르기 반응을 일으키기도 하지만—개인의 결단 접근법을 통해 로마 가톨릭 또는 성공회로 회심한 사람이나 동방정교회에서 강력한 개혁교회 또는 윌로우크릭 침례교로 회심하여 그리스도께 완전히 헌신된 사람에게 물어보라—지역 교회에서 복음을 전하는 방식과 그리스도인의 삶을 이해하는 방식에 영향을 미치기도 한다.

이러한 세 가지 강조점을 모두 하나의 교회와 하나의 문화로 통합시키는 방법이 있는데, 이를 위해서는 지역 교회가 예전적 행사 및 사회적 발달을 통해 회심을 유도할 뿐만 아니라—이 두 과정을 통해—개인적 신앙의 필요성을 확고히 주장해야 한다.

유아 세례는 회심에 대한 이러한 통합적인 이해와 잘 어울린다. 이스라엘인들이 자녀들의 신앙 양육을 할례(남자아이), 영성 교육을 위한 의식, 교육, 기도, 회당 출석으로 시작했듯이 초기 교회도 **기독교 신앙으로 향하는 여정의 첫걸음**인 유아 세례로 할례의 요구를 "충족시켰다"(fulfilled). 진심으로 신뢰하고 순종하는 과정이 결여된 할례가 영적 성숙이라는 목표를 달성하지 못하는 것처럼 진심으로 신뢰하고 순종하는 과정이 없는 유아 세례도 영적 성숙을 이루어낼 수 없다. 만일 우리가 유아 세례를 어린이의 마음에 심긴 은혜와 믿음의 "씨앗"으로 생각한다면 물과 햇볕과 자양분이 없는 씨앗은 당연히 죽고 말 것이다. (성공회의) 「39개 신앙 조항」(the Thirty-Nine Articles)의 제25조에서 성사(sacraments)는 "합당하게" 받아야 한다고 말하는 이유는 바로 그리스도를 향한 지속적인 반응이 신자에게 반드시 나타나야 하기 때문이다. 따라서 "사도 바울이 말한 것처럼 오직 성사를 **합당하게** 받는 경우에만 온전한 영향이나 결과를 얻게 되며, 성사를 **합당하지 못하게** 받는 사람은 벌을 자초하는 것이다."[15] 제26조는 "합당하게"라는 말이 의미하는 바가 무엇인지 밝혀주는데, 그것이 바로 믿음이다. 따라서 우리는 "믿음으로, 올바르게 성사를 받"아야 한다. 제28조에서는 성찬과 관련된 용어가 모두 함께 등장한다. "그러므로 올바르고 합당하게 그리고 믿음을 가지고 성사를 받아라."[16] "올바르고 합당하게 그리고 믿음을 가지고"라는 표현은 각각 세례를 통해 심긴 구속의 씨앗이 영적 성숙과 최후의 구원에 이르기까지 자라나기 위해 세례를 받은 자가 믿음으로 자라나야 함을 의미한다. 회심의 여정에서 반드시 필요한 두 가

---

15 *The Book of Common Prayer: According to the Use of the Episcopal Church* (New York: Oxford University Press, 1990), 872. 나는 어떤 이들이 옛 버전의 「공동 기도서」를 선호한다는 것과 북미 성공회가 자신들만의 버전을 새롭게 준비하고 있다는 것을 알고 있다. 나는 북미 성공회(Episcopal Church)의 버전을 사용하는데, 그 이유는 단지 접근성 때문이다. 흔히 리디머교회의 세례 예배에서 사용되는 대안적인 세례 의식은 「공동 예배서」(*Common Worship*)에서 찾아볼 수 있으며 https://www.churchofengland.org/prayer-worship/worship/texts/christian-initiation/baptism-and-confirmation/holy-baptism.aspx에서 이용 가능하다.

16 *The Book of Common Prayer*, 873.

지 요소라고 할 수 있는 회개와 믿음 없이 구원은 결코 존재할 수 없다. 하지만 한 가지 명심할 것은 우리가 우리의 믿음으로 말미암아 세례를 받을 만한 사람이 되는 것은 아니라는 점이다. 세례는 우리 안에서 역사하시는 하나님의 은혜의 행위이며, 우리는 단지 그것을 거저 받는 것이다. 따라서 믿음은 바로 그 은혜에 대한 우리의 가장 적절한 반응이다.

성인 세례든 유아 세례든 간에 우리는 세례에 관해 성경이 뭐라고 말하는지를 올바르게 이해할 필요가 있다. 세례는 하나님이 시작하신 여정의 첫걸음이다. 하나님의 지혜는 우리가 유아 세례를 어린이의 마음에 심긴 씨앗으로 간주하기를 원한다. 그러나 세례는 물과 햇볕과 돌봄이 필요한 씨앗이다. 회심은 하나의 과정이며, 그 회심은 어린이가 세례를 받음과 동시에 시작된다.

다섯째 단어: 논쟁

세례와 관련하여 몇 가지 커다란 논쟁이 있는데, 우리는 가끔 우리가 세례를 잘못 받으면 우리의 구원이 위험에 처하거나 또는 이단에 빠질 수 있다고 생각할 때도 있다. 칼 바르트는 우리가 세례를 논의할 때 우리 모두가 지켜야 할 예의범절에 대해 일침을 가한다. 이 저명한 스위스 신학자는 유아 세례를 통해 믿음 생활을 시작했지만, 나중에 자신의 생각을 바꾸었다. 성인 세례를 적극 지지하면서 그는 분명 수많은 격렬

한 논쟁을 불러일으켰다. 그의 반응은 경험에서 비롯된 것이었다. "유아 세례[또는 성인 세례]를 옹호하는 자가 자신의 주장이 건전한 신학적 근거가 있음을 분명하게 보여줄 수 있는 중요한 표시는…바로 그가 그 근거를 침착하게 제시하고 이를 뒷받침할 수 있다는 것이다."[17]

오래전에 나는 『갈라지게 하는 물』(*The Water That Divides*)이라는 책을 읽은 적이 있다. 그리고 내가 이 단락을 쓰고 있는 지금 내 책상 위에는 『세례: 세 가지 관점』(*Baptism: Three Views*)과 『세례에 관한 네 가지 관점 이해하기』(*Understanding Four Views on Baptism*)라는 책이 놓여 있다.[18] 세례에 관한 관점은 세 가지일까, 아니면 네 가지일까? 이상하게도 세 가지 관점을 다루는 책은 심지어 네 가지 관점을 다루는 책에서조차 다루지 않는 관점 하나를 다룬다! 세 가지 관점을 다루는 책은 신자 세례, 유아 세례, 이중 세례(같은 교회에서 유아 세례와 성인 세례를 모두 거행하는 것을 가리킴)에 관해 논의한다. 세례의 네 가지 관점이란 무엇인가? 침례교의 관점은 세례를 그리스도의 구원 사역을 나타내는 (단순한) 상징으로 이해하며, 성인 신자 세례를 오직 그리스도에 대한 믿음을 고백

---

17 Karl Barth, *Church Dogmatics* IV/4 (frag.), *The Foundation of the Christian Life: Baptism*, trans. Geoffrey W. Bromiley and T. F. Torrance, study ed. (London: T&T Clark, 2009), 165.

18 Donald Bridge and David Phypers, *The Water That Divides: The Baptism Debate* (Downers Grove, IL: InterVarsity, 2008); David F. Wright, ed., *Baptism: Three Views* (Downers Grove, IL: IVP Academic, 2009); John H. Armstrong, ed., *Understanding Four Views on Baptism* (Grand Rapids: Zondervan, 2007).

하는 자에게만 주는 세례로 이해한다. 개혁교회의 관점은 세례를 언약의 성례로 이해한다. 개혁주의자들은 부모가 신자인 경우에 유아에게 세례를 베푸는 것으로 알려져 있지만, 새로 믿은 성인 신자에게도 성인 세례를 거행한다. 루터교의 관점은 하나님께서 세례를 통해 신자의 중생을 이루시는 것으로 본다. 루터교 역시 유아와 성인 모두에게 세례를 준다. 마지막으로 회복주의 교회 내의 강경파의 관점은 성인 세례를 성경적으로 구원이 발생하는 **순간**으로 본다.[19] 네 가지 관점이면 충분하다. 다만 이 책들이 동방 정교회와 로마 가톨릭교회의 관점을 간과할 따름이다! 각각 자신들이 사도들을 진정으로 계승한 교회(!)라고 생각하는 이 두 거대한 교회는 위에서 언급한 세 관점 또는 네 관점보다 하나님이 세례 가운데 행하시는 구속 사역을 더욱더 강조한다.[20] 세례는 실제로 "분수령"이 될 수 있다. 이 분수령은 정말 얼마나 중요한 것일까?

교회 역사상 가장 슬픈 이야기 가운데 하나가 바로 이 세례로 인한 분열과 관련이 있다. 16세기에 재세례파—"다시" 세례를 받았다는

---

19 회복주의자들은 그리스도의 교회, 그리스도인 교회, 그리스도의 제자 등이다. 그러나 회복주의자들 사에에도 현저한 차이가 있다. 이 그룹에 대한 주요 견해는 Ferguson, *Baptism in the Early Church*에서 발견할 수 있다.

20 전통적인 견해는 다음을 보라. Alexander Schmemann, *Of Water and the Spirit: A Liturgical Study of Baptism* (Crestwood, NY: St. Vladimir's Seminary Press, 1997). 가톨릭교회 견해에 관해서는 가톨릭교회의 교리문답을 보라. http://www.vatican.va/archive/ccc_css/archive/catechism/p2s2c1a1.htm.

이유에서 이러한 이름을 얻음—가운데 일부는 취리히에 있는 어떤 강에 던져졌는데, 그들을 그리스도의 이름으로 처형한 자들은 이것을 그들의 "세 번째 세례"라고 불렀다. 그들의 손은 주로 묶인 상태로 무릎 뒤에 넣고, 마치 마술사가 밧줄을 빠져나오듯이 절대 탈출할 수 없도록 손과 다리 사이에 막대기를 끼워둔 채 물속에 빠지도록 던져졌는데, 이는 그들이 유아 세례에 반대하고 신자 세례를 주장했기 때문이다. 신자 세례 때문에 사형을 당한 것은 그리스도와 그의 몸에 대한 수치가 아닐 수 없다. 신자 세례는 수많은 진지한 그리스도인의 목숨을 앗아갔다. 이것은 매우 유감스러운 역사이며 개탄해야 할 일이다. 오늘날 유아에게 세례를 베푸는 교단은 모두 오직 성인 세례만이 옳다고 주장하는 그리스도인 형제자매들을 지지해야 한다. 이는 단지 그들의 주장에 동의해서가 아니라 종교의 자유와 양심의 자유를 지지하기 때문이다. 오늘날 우리가 이처럼 자유를 누리고 산다는 것이 얼마나 감사한 일인지 모른다. 그러나 우리는 자신들의 생명을 희생해가면서까지 이러한 자유를 누리는 길을 닦아준 재세례파의 역사를 결코 간과해서는 안 된다.[21] 오늘날 우리의 세례가 우리를 서로 나눌 수는 있지만, 최초기 재세례파 시대와 비교하면 이것은 상당히 온화한 편에 속한다. 그리스도인들 사이의 이러한 분열은 결코 토론의 영역을 넘어서서는 안 되

21 재세례파의 역사에 관해서는 다음을 추천한다. William R. Estep, *The Anabaptist Story: An Introduction to Sixteenth-Century Anabaptism*, 3rd ed. (Grand Rapids: Eerdmans, 1996).

며, 결코 죽음에 이르게 해서도 안 된다.

이 책은 세례에 관한 논쟁에 참여하면서 어느 한편을 택한 여러 부류의 성공회 신자들로 구성된 성공회의 관점에서 쓴 것이다. 그렇다면 세례에 관한 논쟁에서 성공회의 입장은 어떠한가? 성공회에는 신앙에 관한 성공회의 공식 입장이라고 할 수 있는 「39개 신앙 조항」이 있다. 고어 문장으로 구성되어 있어 읽기 어렵기 때문에 나는 이것을 새롭게 수정했고, 우리의 논의를 위해 번호를 매겼다.

> 세례는 (1) 신앙 고백의 표지이자 그리스도인이 비그리스도인과 구분되는 차이점일 뿐 아니라 (2) 중생 혹은 거듭남의 표지이며, (3) 이로써 세례를 올바르게 받은 이들은 교회에 접목되고, (4) 죄 사함에 대한 약속과 성령을 통한 하나님의 자녀로 입양되는 것에 대한 약속은 가시적으로 서명되고 날인된다. 믿음은 확증되고 은혜는 하나님께 드리는 기도에 힘입어 날로 풍성해진다.[22]

그렇다면 세례는 (1) 비그리스도인과 그리스도인을 구별하는 "표지"이자 "차이점"이다. 이는 (2) 세례가 우리가 받은 구속의 "표지"이기 때문이다. 세례를 받고 그 표지를 받은 사람은 (3) 교회 안으로 들어간다. 세례는 한 사람을 (4) 다양한 축복으로 인도한다. 하지만 세례를 통한

---

22 *The Book of Common Prayer*, 873.

믿음으로 향하는 여정에는 순서가 있음을 주목하라. 곧 약속된 용서와 입양, 믿음의 확증과 기도 가운데 지속되는 하나님과의 관계를 통해 삶 속에서 풍성해지는 은혜의 순이다. 따라서 성공회 신자에게 있어 세례는 실제적인 무언가를 **이루어낸다**. (나는 유아 세례가 **하는 일**을 아래에서 살펴볼 것이다.) 이것이 이 세례 논쟁에서 우리가 취하는 입장이다.

침례교, 성공회, 장로교, 로마 가톨릭교회, 정교회 등이 조만간 세례에 관한 공동 성명을 발표할 가능성은 거의 없다. 나 역시 이 책을 쓰면서 그 순간을 기다리고 있는 것도 아니다. 본서는 성공회 신자 가운데 유아 세례를 깊이 숙고하기를 원하는 이들을 위한 것이다. 물론 유아 세례를 숙고하는 모든 이에게도 동일하게 유용하겠지만 말이다.

여섯째 단어: 전통

내가 아는 매우 훌륭한 그리스도인과 내가 좋아하는 신학자 중 일부는 유아 세례를 받았는데, 나중에 세례를 다시 받지도 않았고, 지금도 유아 세례에 관해 가르치고 유아 세례를 거행한다. 여기에는 나를 포함하여 존 스토트, 팀 켈러, J. I. 패커, 마이클 그린, 마르틴 루터, 장 칼뱅, C. S. 루이스, J. R. R. 톨킨, 도로시 세이어스, 모나 후커, 플레밍 러틀리지, G. K. 체스터튼, 데스먼드 투투 등이 포함되어 있는데, 이 목록은 해가 갈수록 점점 더 늘어날 것이다. 물론 나는 반대편에도 훌륭한 사람이 많다는 것을 잘 알고 있다. 하지만 내가 말하고자 하는 바는 교회 안에 있는 훌륭한 수많은 사상가 및 지도자가 유아 세례를 받았다는 것이다. 나는 대학시절 선교 단체에 몸담고 있으면서 독일 루터교에 속한 한 청년을 만났다. 그의 신앙은 매우 훌륭했고, 그의 기도 생활은 깊이가 있었으며, 성경에 대한 이해도 나보다 한 수 위였고, 선교에 대한 그의 열정은 실로 대단했다. 그 이후 나는 그가 유아 세례를 받은 루터교 신자라는 사실을 알게 되었으며, 이로 인해 당시 완고한 침례교 신자였던 나는 어떻게 그의 신앙이 저렇게 좋을 수 있을까 궁금해했다.

하지만 이 책은 나에 관한 것이 아니다. 당신과 당신의 자녀, 그리고 우리 교회에 관한 것이다. 이 책은 세례에 관해 성경이 무엇을 말하고 있는지, 그리고 교회 안에 있는 수많은 위대한 사상가가 세례를 어떻게 이해했는지에 관한 것이다.

내가 가장 좋아하는 신학자는 루터교 신자였던 디트리히 본회퍼인데, 그는 유아 세례에 이의를 제기하고, 믿음의 고백이 있는 경우에만 세례를 주자는 견해를 지지하며 400년 이상 이어온 전통과 상반된 주장을 펼치는 일부 루터교 교인과 세례에 관해 논했다.[23] 그의 논의의 첫 진술은 그가 말하고자 하는 바를 잘 대변해준다. "유아 세례 관습은 신약성경을 통해 직접 입증될 수 없다." 하지만 그는 이 관습이 "거

23 Dietrich Bonhoeffer, "A Theological Position Paper on the Question of Baptism," in *Conspiracy and Imprisonment, 1940-1945*, ed. Mark S. Brocker, trans. Lisa F. Dahill, Dietrich Bonhoeffer Works 16 (Minneapolis: Fortress, 2006), 551-72.

기서도 실행된 것으로 볼 수 있다"라고 말한다.[24] 본회퍼는 유아 세례 관습은 신약성경에 나타나 있지 않을 수도 있지만, 그 신학은 성경에 깊이 뿌리내려 있다고 생각한다. 이 책은 이러한 생각을 견지하며 확대시켜 나갈 것이다.

우리는 이러한 개별 신학자뿐 아니라 역사상 가장 위대한 "사상가", 곧 기독교 역사 전반에 걸쳐 나타난 교회의 포괄적인 증언도 다루어야 한다.[25] 다음 인용문은 교회 역사에서 가장 위대한 사상가 가운데 일부, 즉 유아 세례에 대한 기독교 유산을 만들어낸 인물 가운데 일부가 남긴 글에서 발췌한 것이다.[26]

> 이레나이우스: "그는 자신이라는 수단을 통해 모든 이—곧 그를 통해 하나님의 자녀로 거듭난 모든 이(유아, 어린이, 소년, 청년, 노인)—를 구원하러 오셨다"(*Against Heresies* 2.22.4).

> 히폴리투스: "어린이들은 먼저 세례를 받아야 한다. 스스로 대답할 수 있

---

24 Bonhoeffer, "Question of Baptism," 551.

25 초기 교회의 세례에 관한 충분한 설명을 보기 위해서는 다음을 참조하라. Andrew B. McGowan, *Ancient Christian Worship: Early Church Practices in Social, Historical, and Theological Perspective* (Grand Rapids: Baker Academic, 2014), 135-75.

26 이 인용문들은 Ethan McCarth가 수집하여 나에게 건넨 것이다. 나는 그중 몇 가지를 본서의 다른 곳에서 인용했다. 그 이상의 목록은 다음에서 찾아볼 수 있다. http://www.churchfathers.org/category/sacraments/infant-baptism.

는 모든 어린이는 스스로 대답하도록 해야 한다. 스스로 대답할 수 없는 어린이가 있다면 그들의 부모 혹은 가족 중 누군가가 그들을 대신하여 대답해야 한다"(*Apostolic Tradition* 21.4).

오리게네스: "이런 이유에서 교회 안에는 유아에게도 세례를 주는 사도들의 전통이 있었다. 거룩한 신비의 비밀을 받은 이들은 물과 성령으로 씻어야 할 타고난 죄의 얼룩이 모든 사람 속에 있다는 것을 알고 있었다. 이러한 얼룩 때문에 몸은 '죄의 몸'이라고 불린다"(*Commentary on Romans* 5.9.11, 롬 6:5-6에 대해).[27]

나지안주스의 그레고리오스: 그레고리오스는 아들이 세례받는 것을 두려워하는 어머니에게 가볍게 책망한다. "당신은 어린 유아를 자녀로 두었습니까? 죄가 틈타지 못하도록 해야 하며, 어린 시절부터 그를 성결하게 해야 합니다. 아주 어릴 때부터 성령이 그를 거룩하게 구별하도록 해야 합니다. 그의 타고난 연약함 때문에 [세례의] 봉인을 쳐라. 오 소심한 어머니여, 이 얼마나 작은 믿음인가!"(*Oration on Holy Baptism* 17)

요안네스 크리소스토모스: "당신은 세례가 주는 혜택이 얼마나 많은지

---

27 이 번역은 Thomas Scheck의 번역을 Everett Ferguson이 개정한 것임. Ferguson, "Baptism according to Origen," *Evangelical Quarterly* 78 (2006): 130.

를 알고 있으며, 어떤 이는 세례를 통해 주어지는 하늘의 은혜가 오직 죄 사함에만 있다고 생각하지만, 우리는 [그것이 주는] 열 가지 혜택을 열거했다! 이러한 이유로 비록 유아들이 [개인의] 죄로 인해 더럽혀지지 않았더라도 우리는 그들에게도 세례를 베풀기 때문에 그들은 거룩함과 의와 양자 됨과 유업과 그리스도와의 형제애를 얻고, 또 그[그리스도]의 지체가 될 수 있다"(*Against Julian* 1.6.21).

아우구스티누스: "이 은혜로 인해 세례받은 유아들, 즉 아직 아무도 본받을 수 없는 유아들도 그[그리스도]의 몸에 접목된다. 그리스도 안에서는 모든 이가 살아나는데…그는 신자들에게 성령의 가장 깊숙이 숨겨진 은총을 베푸신다. 그는 유아에게까지도 이 은총을 비밀리에 부어주신다.…[북 아프리카의] 포에니 그리스도인들이 세례를 구원이라고 부르고, 그리스도의 몸의 성례를 생명이라고 부르는 것은 훌륭한 일이다. 그리스도의 교회가 본질적으로 세례와 성찬에 참여함 없이는 아무도 하나님 나라 혹은 구원과 영생을 얻을 수 없다는 입장이 고대 전통 및 사도의 전통 외에 어디서 유래했겠는가? 이것은 성경의 증언이기도 하다.…만일 세례받은 자에게서 태어난 어린이가 왜 세례를 받아야 하는지 궁금하다면 이것을 잠깐 생각해보라.…세례 의식은 그 무엇보다도 거듭남의 의식이다"(*Forgiveness and the Just Deserts of Sin, and the Baptism of Infants* 1.9.10; 1.24.24; 2.27.43).

다음의 본문에서도 아우구스티누스는 유아 세례가 사도의 전통을 따른다고 생각했다.

> "유아 세례를 주는 모교회의 관행은 결코 무시되어서는 안 되며, 불필요하다고 여겨져서도 안 될뿐더러 그 무엇보다도 사도의 전통을 따른다고 믿어야 한다"(*Literal Interpretation of Genesis* 10.23.39).

우리는 이 신학자들이 기독교 정통 교리를 형성한 이들이라는 사실을 염두에 두고 위의 인용문을 다시 한번 읽을 필요가 있다. 이들은 모두 우리처럼 "복음주의적인" 신앙을 가진 자들이었으며 유아 세례를 전적으로 지지한 자들이었다. 우리는 그들의 신앙을 마치 사도들과 맺은 언약을 위반한 것처럼 여겨서는 안 된다. 비록 교회가 이 점에 대해 잘못을 범했을 수도 있지만, 적어도 교회는 2세기에는 유아 세례를 거행했다. 그렇다면 이 가운데 가장 위대한 "사상가"는 교회의 전통이며, 우리는 교회 역사의 사분의 삼에 해당하는 기간 동안 놀랍게도 **신앙을 고백하는 신자에게만 베푸는 세례가 전무했다**는 사실을 지적하지 않을 수 없다. 다시 말하면 교회 역사의 사분의 삼에 해당하는 기간 동안 세례는 유아 세례였다.[28] 스위스 재세례파 사이에서 다시 부활한 이후

---

28 물론 교회의 적지 않은 신학자들이 세례의 용서에 대해 믿어왔다. 다시 말하면 유아들은 원죄로 인해 세례가 필요했으며, 따라서 세례받기 전까지 그들은 정죄를 받은 것이다. 이 견해에 관한 논의는 다음을 참조하라. Ferguson, *Baptism in the Early Church*, 378-

존경받을 만한 침례교 운동의 일부가 된, 믿음을 고백하는 세례는 종종 사도들의 신념을 회복한 것으로 알려져 있다. 물론 나는 그리 빨리 회복하지는 않았다고 주장할 것이다. 왜냐하면 그 결론에 도달하려면 우리는 교회가 단순히 이것을 아주 오랜 기간 동안 잘못 이해해왔다는 것을 수용해야만 한다. 만일 증거가 그러한 신념을 지지한다면 나도 그 결론을 받아들일 준비가 되어 있지만, 나는 더 이상 우리가 우리에게 주어진 증거를 오직 그런 식으로만 해석해서는 안 된다고 믿고 있다. 우리에게는 유아 세례를 확증한 탁월한 신학자들의 역사가 있다.

하지만 다수의 관심이 교회의 전통이 아닌 성경에 있으므로 나는 이제 교회의 관행이 성경으로부터 직접 유래했다는 사실을 보여주고자 한다.

79. 원죄, 죄, 정죄—그리고 그 죄를 없애기 위한 유아 세례의 능력—에 관한 이러한 견해는 유아 세례에 대한 침례교 비평가 사이에서 심각한 의견 불일치를 보이게 만드는 주요 원인이다.

It Takes a Church
to Baptize

제2장

세례

교회와 가정

일부 그리스도인들은 그들의 신념, 그들의 신학, 그들의 사고 체계, 또는 그들의 철학에 의해 다른 이들과 구분된다. 그들은 자신들의 특별한 신학적 질문에 대한 신학적 해답을 바탕으로 서로를 평가한다. 장로교 신자들은 장 칼뱅의 신학과 맞닿아 있고, 감리교 신자들은 존 웨슬리의 인도를 받는다. 각 그룹을 구분하는 것은 그들의 신학이다.

성공회 신자들을 구분하는 것은 그들의 신학보다 그들이 드리는 예배, 즉 토머스 크랜머를 떠올리는 예배의 형태다.[1] 사실 우리의 모토 중 하나는 라틴어로 *lex orandi, lex credendi,* 즉 기도의 법이 신앙의 법이라는 것이다. 이것은 우리를 하나로 결속시키는 것이 어떤 체계적인 신학이기보다는 우리가 「공동 기도서」에서 발견하는 예배의 형식임을 가리키는 말이다. 따라서 우리의 모토는 중요하다. 우리는 예배 안에서, 예배를 통해, 예배 시간에, 그리고 예배 때문에 성공회의 신앙과 신학의 중심 주제를 배운다. 성공회 지도자에게 "당신은 무엇을 믿습니까?"라고 물으면 이에 대해 그가 "얼마간 우리 교회에 나오시죠"라고 대답하는 것은 매우 흔히 볼 수 있는 일이다. 그 사람은 그 예배에서

---

1 실제보다 과장된 토머스 크랜머에 대한 전기에 관해서는 다음을 보라. Diarmaid MacCulloch, *Thomas Cranmer: A Life* (New Haven: Yale University Press, 1996). For a study of *The Book of Common Prayer*, see Alan Jacobs, *The "Book of Common Prayer": A Biography*, Lives of Great Religious Books (Princeton and Oxford: Princeton University Press, 2013).

이에 대한 답변을 듣고 보며 또 그 답변에 참여할 것이다. 우리는 예배 지침서에 따라 드리는 예배 가운데 성공회의 신학을 듣고, 반복하고, 또 경험한다.

따라서 이 책은 「공동 기도서」의 거룩한 세례를 위한 예전의 구조를 따를 것이다.[2] 당신은 우리가 어떻게 예배를 드리는지 이해함으로써 우리가 무엇을 믿고 있는지를 배우게 될 것이다.

세례를 위한 예배의 시작

우리 교회에서 세례식이 거행되는 주일의 분위기는 언제나 살짝 들떠 있다. 우리가 이전에 본 적이 없는 사람들이 교회 안에 들어서고, 목사들과 부모들은 최종적 세부사항을 점검하는 가운데 본당은 주로 만석이 된다. 성공회에서 거행하는 세례식은 거대한 행사다. 왜냐하면 세례식은 그리스도 안에서 새 생명을 탄생시키는 하나님의 은혜, 물의 정화, 교회에 새로운 어린이가 들어오는 것을 환영하는 것, 가정과 온 교회가 믿음 안에서 성장하는 이 어린이를 지원하는 공적인 서약에 참여하는 것 등을 목격하는 순간이기 때문이다. 세례식을 통해 우리는 한

---

2 우리 리디머교회의 사제 Jay Greener는 이제 「공동 예배서」를 사용하며, 나는 가끔씩 「공동 기도서」와 「공동 예배서」 사이에 다소 차이점이 있음을 발견한다. *The Book of Common Prayer: According to the Use of the Episcopal Church* (New York: Oxford University Press, 1990), 299-314, 그리고 「공동 예배서」.

어린이를 믿음의 가족으로 받아들인다. 만약 성인이 세례를 받으면 우리는 그 성인을 믿음의 가족으로 받아들인다.

모든 사람이 본당으로 들어가면 우리는 우리 교회 사제인 제이 그리너 신부와 함께 다음과 같은 말(혹은 이와 비슷한 인사말)로 시작한다.

집전자: 할렐루야! 그리스도는 살아나셨습니다.

회중: 주님은 정말 살아나셨습니다. 할렐루야!

나는 성공회 신자로 자라나지 않았기 때문에 이러한 초청과 응답의 말이 오갈 때마다 적절한 단어 선택과 청중들의 적극적인 참여를 보고 흥분한다. 우리의 믿음이 그리스도의 부활에 근거하기 때문에 그리스도가 살아나셨다는 소식은 우리에게 "할렐루야!"를 외치게 한다. 이보다 더 좋은 응답이 또 어디 있겠는가? (사순절 기간 동안 우리는 예배 시간에 "할렐루야"를 전혀 언급하지 않는다.)

나는 지금까지 우리의 논의에서 "우리", "교회", "가정"과 같은 단어를 사용해왔는데, 이는 세례가 한 사람과 그의 하나님에 관한 것이 아니라 하나님의 은혜 안에서 가족과 교회로 둘러싸인 한 사람에 관한 것임을 강조하기 위함이다. 우리 교회 사제가 교회에서 거행하는 세례의 의미를 분명하게 하는 말로 시작할 때 우리는 세례식을 위한 우리

의 마음을 준비한다.[3]

집전자: 한 몸과 한 성령이 있습니다.

회중: 우리를 향한 하나님의 부르심에는 한 소망이 있습니다.

집전자: 주님은 한 분이시며, 믿음도 하나이며, 세례도 하나입니다.

회중: 하나님은 한 분이시며 만유의 아버지이십니다.

집전자: 주님께서 당신과 함께하시기를 빕니다.

회중: 당신께도 함께 하시기를 빕니다.

집전자: 다 함께 기도합시다.

이것이 세례식을 위한 예배를 시작하기에 가장 유익하고도 유일한 출발점이다. 교회는 한 성령의 능력 안에서 한 몸으로서 함께 모이는데, 이러한 모임은 우리가 우리의 한 소망, 주님, 믿음, 세례와 한 하나님 아버지를 찬양하는 가운데 이루어진다.

혹자는 왜 그냥 강가에서 또는 내 집에서 세례를 주지 않느냐고 물어볼 수도 있다. 이에 대한 답은 이미 나와 있다. 세례는 회중이 자기

---

3 「공동 예배서」는 세례 신학을 강조하는 말로 시작하며, 우리는 나중에 이것을 논의할 것이다. "우리 주 예수 그리스도는 천국에 들어가려면 물과 성령으로 거듭나야 한다고 우리에게 말씀하셨고, 이러한 거듭남의 증거와 인침으로 우리에게 세례를 주셨습니다. 우리는 성령으로 씻음을 받고 깨끗하게 되었습니다. 우리는 그리스도로 옷 입고 죄에 대하여 죽음으로써 그의 부활하신 삶을 살 수 있게 되었습니다. 하나님의 자녀로서 우리는 새로운 지위를 갖게 되었고 하나님은 우리를 생명의 충만으로 초대하십니다."

자녀들을 교회 공동체 안으로 데리고 들어오겠다는 한 가정의 결단을 실행에 옮기는 교회의 행사이기 때문이다. 다르게 표현하자면 세례는 한 성인이 가족과 교회 공동체에 둘러싸여 세례를 받는 교회의 행사다. 아무튼 세례는 교회에서 거행하는 행사다. 안타깝게도 교회 역사에서 종종 세례가 단지 "나와 하나님"에 관한 것이 되어 버린 적이 있었다. 어떤 이들은 세례식에 교회의 가족은 필요 없다고 생각한다. 인터넷에는 없는 게 없는데, 심지어 자기 자신에게 세례를 주기 위한 웹사이트까지 있다! 그러나 이것은 교회가 추구하는 방식이 아니다. 역사적으로 세례는 공적인 행사였으며, 복음을 전하는 목회자가 다른 그리스도인과 가족이 함께 참석한 가운데 거행되었다. 세례는 교회의 행사인 것이다.[4]

세례식을 시작하는 말에 이어 공식 기도를 다 함께 드리는데, 이 기도는 교회력에 따라 결정된다. 이어서 우리는 성경 본문을 큰 목소리로 읽는데, 구약성경에서 한 본문, 시편에서 기도문 하나, 신약성경에서 또 한 본문을 읽고, 마지막으로 부제(deacon)가 그날의 복음서 본문을 읽을 때 우리는 모두 일어선다. 성경 봉독을 마치면 설교자가 설교를 한다. 성경 봉독 이후에 설교가 이어지는 것은 전형적인 성공회 예배 방식이다. 하지만 이 날과 이 행사에는 무언가 특별한 것이 있다.

---

4 물론 세례자 요한이 베푼 세례 중 일부는 공개적으로 거행되었고, 초기 교회의 정황에서 이루어진 것이 아니라 요단강에서 베풀어졌지만, 그 당시에는 아직 교회가 형성되지 않았을 때였다. 세례는 교회가 형성되자마자 곧바로 교회와 연계되었다.

세례식이 거행되는 예배는 특별하다. 이는 이 예배가 가족 행사이기 때문이다. 이 예배가 특별한 이유는 또한 모든 사람이 맨 앞줄에 앉아 이제 곧 세례를 받을 사람의 가족들을 볼 수 있기 때문이다. 엄마와 아빠, 할아버지와 할머니, 그리고 가족들과 친구들이 세례식에 집중하기 위해 최선을 다하지만, 이 날만은 이 세례식이 신성한 만큼 산만함도 매우 흔한 일이다.

가족 교회의 정황에서 치러지는 유아 세례

특히 세례를 받기 전에 믿음의 고백이 필수적으로 선행되어야 하는 교회에서 성장한 일부 독자들에게는 우리가 유아 세례를 베푸는 것이 큰 놀라움과 심지어는 불쾌감과 우려를 안겨줄 수 있다. 세례를 주기 위해 유아들을 교회로 데리고 오는 우리의 관행은 하나님이 오래전에 이스라엘을 위해 처음으로 우리 조상 아브라함과 언약을 체결하신 그 길을 따라가는 것이다. 매우 중요한 두 가지 사건이 그 당시에 일어났다. 첫 번째 사건은 하나님이 아브라함에게 약속을 주셨고, 그가 땅에 차려놓은 짐승 제물 사이로 지나가심으로써 그 약속을 신실하게 지킬 것을 약속하신 사건이다. 두 번째 사건에서는 하나님이 아브라함에게 할례를 받으라고 말씀하셨다(창 15장, 17장). 이 언약 관계에서 할례가 얼마나 중요한지를 친히 보여주시기 위해 하나님은 아브라함에게 다음과 같이 말씀하신다.

> 너희 중 남자는 다 할례를 받으라. 이것이 나와 너희와 너희 후손 사이에 지킬 내 언약이니라. 너희는 포피를 베어라. 이것이 나와 너희 사이의 언약의 표징이니라. 너희의 대대로 모든 남자는 집에서 난 자나 또는 너희 자손이 아니라 이방 사람에게서 돈으로 산 자를 막론하고 난 지 팔 일 만에 할례를 받을 것이라. 너희 집에서 난 자든지 너희 돈으로 산 자든지 할례를 받아야 하리니, 이에 내 언약이 너희 살에 있어 영원한 언약이 되려니와 할례를 받지 아니한 남자 곧 그 포피를 베지 아니한 자는 백성 중에서 끊어지리니 그가 내 언약을 배반하였음이니라(창 17:10-14).

성경에서 할례는 언약이자 그 언약의 표징이었다. 포피를 잘라내는 것은 입회 의식, 곧 한 어린이가 언약 가정의 일원이 되는 행위였다. 아브라함의 아들 이삭은 아브라함 가정의 일원이 되는 것을 스스로 선택하지 않았다. 오히려 아브라함과 사라가 그 선택을 한 것이다. 물론 더 정확히 말하자면 하나님 자신이 아브라함을 하나님의 언약 가정으로 들여 오는 선택을 하셨듯이 이 선택 역시 하나님이 하신 것이다. 모든 것을 다 하나님이 하셨다. 아브라함이 한 것은 단지 그 선택을 받아들이고 신뢰하고 하나님의 언약에 순종한 것뿐이다. 이 순종의 일환으로 아브라함은 할례 의식을 치른 것이다.

그렇다면 하나님은 왜 아브라함과 그의 모든 언약의 자손들에게 태어난 지 여덟째 되는 날에 남자아이에게 할례를 베풀라고 말씀하셨을까? 그 이유는 언약 체결이 가정의 문제였기 때문이다. 아브라함의 믿음은 할례라는 언약 의식을 통해, 곧 본보기와 교육과 의식을 통해 그가 그의 자녀들을 믿음으로 인도하리라는 의미를 담고 있었다. 따라서 할례란 그 아이가 언약 백성의 일원이 되게 할뿐더러, 언약 백성과 함께하는 새로운 여정에 오르게 하는 것이라고 말할 수 있다.

교회의 중심에는 가정이 있듯이 세례는 교회 행사이기도 하지만 가족 행사이기도 하다. 교회의 핵심 그룹은 교회 직원, 예배실 또는 주일학교 교실이 아니라 바로 가족이다. 여기에는 일인 가족을 구성하는 한 사람이나 여러 세대가 한 가족을 이루는 핵가족도 해당된다. 내가 출석하는 리디머교회(Church of the Reedemer)에는 독신자도 더러 있고, 크리스의 가정과 내 가정을 포함하여 여러 세대로 구성된 가정도 여럿 있다. 성경 전체 이야기를 빠르게 훑어보아도 그 중심에는 가정이 있다는 사실을 쉽게 알 수 있다. 아브라함과 사라와 그 자녀들, 매사에 가정을 중시하는 율법과 가장들을 통해 이스라엘을 교육한 가정적인 사람 모세, 이스라엘의 주요 명절을 기념하는 가정들, 하나님이 계획하신 가정의 범위를 크게 넓혔지만 여전히 가정이라고 할 수 있는 다윗과 그의 아내들과 그의 많은 자녀들, 이사야와 그의 아내와 특이한 이름을 가진 그의 아들들, 그리고 마지막으로 "거룩한 가정"을 이룬 요셉, 마리아, 예수 및 그의 형제자매들이 있다. 예수가 여러 가족 구성원에게 자신을 최우선에 두라고 도전하긴 했지만, 그는 결코 가정을 가볍게 여기지 않았다. 예수는 십자가에서 요한에게 자신의 어머니를 돌보아줄 것을 당부했다. 그리고 바울이 에베소 교회와 골로새 교회를 어떻게 가르쳤는지도 생각해보라. 바울은 아버지와 어머니와 자녀들에게 로마 제국 안에서 어떻게 그리스도인으로 생활해야 하는지를 일러주며 가르쳤다.

다수의 유능한 역사가들은 17세기와 18세기를 비롯하여 그 이후의 현대화와 계몽주의의 영향이 가정의 분산을 가져오고, 개인의 자아가 사회의 중심 역할을 하는 가정을 대체하는 과정을 주도했음을 지속적으로 보여주었다. 그 외에도 사회학자들은 개인주의가 가정과 사회의 책임을 대체함으로써 초래한 우리나라의 심각한 사회적 병리 현상을 지적해왔다.[5] 처음부터 하나님이 의도하신 방식은 가정이었고, 이는 하나님의 계획이 가정을 통해 개인에게 성취되는 것이었지, 개인을 통해 가정에 성취되는 것이 아니었음을 의미한다. 가정이 사회의 중심 자리를 내려놓고 그것을 개인의 자아가 대체하도록 내버려둔 것보다 서구 교회의 언약에 기초한 제자도에 더 큰 해를 입힌 것은 없다. 교회 지도자들은 가정의 중요성과 어린이들의 예배 참여의 중요성을 재고할 것을 우리에게 지속적으로 촉구해왔다.[6] 오늘날 유아 세례에 대한

---

5 여기서는 다음 두 연구서를 언급할 수 있다. Robert N. Bellah, Richard Madsen, William M. Sullivan, Ann Swidler, and Steven M, Tipton, *Habits of the Heart: Individualism and Commitment in American Life* (New York: Harper & Row, 1985); Robert D. Putnam, *Bowling Alone: The Collapse and Revival of American Community* (New York: Simon & Schuster, 2000).

6 역시 여기서도 다음 두 연구서를 언급할 수 있다. Kenda Creasy Dean, *Almost Christian: What the Faith of Our Teenagers Is Telling the American Church* (New York: Oxford University Press, 2010); Kara E. Powell and Chap Clark, *Sticky Faith: Everyday Ideas to*

가장 큰 도전은 성경으로부터 온다기보다는 광범위하게 퍼져 있는 개인주의로부터 온다.

우리가 유아 세례를 베푸는 이유는 가정이 언약에 기초한 우리 자녀들의 교육의 중심이 되기 때문이다. 이러한 신념에 있어 우리는 미국의 식민지 시대를 생각하며 향수에 젖어 있는 낭만주의자가 아니다. 오히려 우리는 아주 오래된 계획을 물려받은 자들이다. 가정 중심의 신앙 교육은 태초에 세워진 하나님의 계획이었다. 부모가 언약을 체결하면 그 자녀들도 그 언약 안으로 들어간다. 종교는 선택하는 것이 아니었다. 고대 근동과 1세기 중동에 살던 예수(할례 받음), 바울(그도 할례 받음), 그리고 모든 초기 그리스도인에게 있어 종교는 가족으로부터 물려받는 것이었다.

이제 우리는 세 가지 결론에 도달한다. 첫째, 하나님은 아브라함 및 그 가족과 더불어 언약을 체결하셨으며, 이 언약은 아브라함의 생각과는 전혀 무관했다. 둘째, 언약 관계에 들어가는 것은 처음부터 가정의 문제였다. 셋째, 아버지가 하나님과 맺은 언약 관계는 그 아버지

Build Lasting Faith in Your Kids (Grand Rapids: Zondervan, 2011). Christian Smith와 그의 동료들은 교회와 청년에 관해 매우 중요한 분석을 내놓았다. Christian Smith and Melinda Lundquist Denton, *Soul Searching: The Religious and Spiritual Lives of American Teenagers* (New York: Oxford University Press, 2009); Christian Smith and Patricia Snell, *Souls in Transition: The Religious and Spiritual Lives of Emerging Adults* (New York: Oxford University Press, 2009); Christian Smith with Kari Christoffersen, Hilary Davidson, and Patricia Snell Herzog, *Lost in Transition: The Dark Side of Emerging Adulthood* (New York: Oxford University Press, 2011).

의 가족 전체(어머니에 대해서도 이와 동일하게 말할 수 있다)가 그 언약에 참여하는 것을 의미한다. 우리는 아브라함의 신앙이 그 언약 신앙 안에서 성장한 이삭의 신앙으로 간주되었다고도 말할 수 있다. 거기에 한 가지 덧붙이자면 구약성경에서는 "가정"이 한 "민족"이 되었고, 신약성경에서는 그 민족이 "교회"가 되었다고 말할 수 있다. 따라서 우리는 첫 출발점으로 다시 돌아온다. 즉 세례는 하나님이 행하시는 행위이며, 이는 가정과 교회라는 정황에서 이루어진다.

나는 미국에서 태어나면 소위 "출생 시민권"이란 것을 취득하는 것처럼 유아 세례도 미국 시민이 되는 것과 같다는 말을 여러 차례 들은 적이 있다.[7] 우리는 자동으로 국가의 일원이 되며 시민권과 관련하여 권리와 의무가 즉시 부여된다. 어린아이는 이것을 선택하지 않는다. 수정헌법 제14조는 이렇게 말한다. "미국에서 출생하거나 귀화하고 관할 지역에 속한 자는 모두 미국 시민이며, 그들이 거주하는 주의 시민이다." 이 사람은 시간이 지나야 시민으로 성장하고 비로소 좋은 시민이 되는 법을 배우게 되지만, 그의 시민권은 국회의 법령에 따라 출생과 동시에 부여된다. 유아 세례도 마찬가지다. 이것은 기독교 가정에서 태어난 자에게 하나님의 은혜로 주어지며, 시간이 지남에 따라 세례를 받은 어린이는 성숙한 신앙으로 자라난다. 다시 한번 우리는 성경이 가르치는 회심은 영적 성숙을 향한 여정이며, 이것은 세례로부터 출발

7 이민온 후에 시민권을 취득하는 시나리오는 여기서는 일단 제쳐두겠다.

한다는 점을 강조할 필요가 있다. 세례는 하나님이 베푸시는 은혜의 행위이며, 우리가 누군가에게 무언가를 해주는 것이 아니다.

세례와 모방

유아 세례를 지켜보면서 자라났을 뿐만 아니라 이 신성한 행사에 참여하는 어린이들에게는 세례에 대한 직관이 생긴다. 마릴린 로빈슨은 자신이 쓴 존 에임즈 목사에 관한 소설에서 이에 관해 정말로 멋진 이야기 하나를 소개한다. 이 이야기는 "무엇과 왜"에 관한 문제일 수도 있고, 장난감과 인형에게 세례를 주는 것일 수도 있으며, 심지어 고양이에게 세례를 주는 것일 수도 있다. 우리는 에임즈 목사의 말을 통해 그의 어린 시절에 있었던 짧지만 놀라운 이야기 속으로 빠져든다.

> 이제 이 주제의 무게를 고려하면 이것이 사소한 것으로 보일 수도 있지만, 나는 사실 그렇다고 생각하지는 않는단다. 우리는 상당히 경건한 도시의 경건한 가정에서 자란 경건한 어린이들이었고, 이것은 우리의 행동에 상당한 영향을 끼쳤지. 언젠가 우리는 한배에서 같이 태어난 새끼 고양이들에게 세례를 준 적이 있었단다. 그들은 이제 막 걸음마를 시작한 헛간에 사는 먼지투성이의 작은 고양들이었지. 늘 생쥐를 잡아먹고 무명의 인생을 살며 사람들이 나타나면 숨어버리고 그들에게 전혀 관심을 보이지 않는 방랑자 같은 존재들이었지. 하지만 그들 모두가 처음에는 붙임

성 있는 것처럼 보였지. 그래서 그들의 어미가 그들을 숨겨 놓은 어떤 깊숙한 곳에서도 기어 나와 우리처럼 놀고 싶어하는 갓 태어난 새끼 고양이를 발견하는 것은 우리에게 큰 기쁨을 주었단다. 여자아이 중 하나가 인형의 옷을 그들에게 입히자고 했지. 그 고양이들은 그 옷 안에 싸여 있는 한순간조차 견디지 못해 그들에게 세례를 주자마자 그들을 싸고 있던 옷을 벗겨야 했기 때문에 옷이 하나밖에 없어도 괜찮았단다. 나는 삼위일체에 관한 신조를 반복하면서 그들의 이마를 적셨지.[8]

새끼 고양이에게 세례를 주는 것은 정상적인 그리스도인이 할 만한 일로 여겨지지 않았으므로 그들은 새끼 고양이들을 데리고 가는 그 어미로부터 아직 여러 새끼 고양이가 세례를 받지 않았다는 말을 들었다. 하지만 이 사실은 그들이 자신들의 아버지인 존 에임즈 목사에게 세례에 관해 물어볼 기회를 제공해주었다. 내가 말했듯이 가르친 것보다 스스로 터득한 것이 더 많고, 스스로 터득한 것도 사실은 배운 것들이다. 그들은 세례가 신성한 행위이며 새끼 고양이들을 위한 것이 아니라는 것을 배웠지만, 그들은 그보다 더 많은 것을 스스로 터득했다.

굽은 꼬리를 지닌 험상궂고 늙은 그들의 어미는 우리가 시냇가에서 세례

---

8 Marilynne Robinson, *Gilead* (New York: Farrar, Straus and Giroux, 2004). 여기에 인용된 내용과 그다음에 나오는 인용문은 모두 24-26쪽에서 발췌한 것이다.

를 주는 것을 발견하고 한 마리씩 그 목덜미를 물어 나르기 시작했단다. 그러다가 우리는 어느 고양이에게 세례를 주었는지 그만 잊어버리고 말았고, 몇 마리는 분명 이교도 신앙의 어두움 속에 여전히 사로잡혀 있다고 확신했지. 그리고 그 사실 때문에 우리는 상당히 걱정했었단다. 그래서 나는 드디어 나의 아버지에게 아주 퉁명스러운 태도로 세례받은 고양이에게 정확히 어떤 일이 생기는지 물어보았지. 아버지는 성례를 항상 아주 소중하게 여기고 다루어야 한다고 대답하셨단다. 그것은 내 질문에 대한 정확한 답변이 아니었지. 우리는 성례를 소중하게 여겼지만, 우리가 궁금한 것은 고양이들에 관한 것이었지. 그러나 나는 아버지가 말하는 의미를 이해했어. 그리고 내가 목사 안수를 받기까지 나는 더 이상 세례를 주지 않았지.

로빈슨의 이 멋진 소설에서 내가 가장 좋아하는 부분은 그다음에 나오는 유아 세례를 주는 것에 대해 찬반양론으로 갈린 전통적인 논의로 이어지는 부분이다.

여자아이들이 그 새끼 고양이 두세 마리를 집으로 데려갔고, 그들을 꽤 인정받을 만한 집고양이로 키웠어. 루이자는 노란 고양이를 데려갔고, 그녀는 우리가 결혼할 때 여전히 그 고양이를 키우고 있었지. 나머지 고양이들은 밖에서 살았고, 이방인인지 기독교인인지 누구도 말할 수 없을 만큼 다른 고양이들과 똑같이 야생의 삶을 살았지. 그녀는 자기 고양이의

> 이마에 있는 흰 반점 때문에 그 녀석을 '스파클'이라고 불렀지. 결국 그 고양이는 사라졌어. 그 고양이는 토끼를 훔치다가 잡힌 것 같아. 지은 죄에 비해 조금은 가혹한 처벌이라고 생각해. 어쨌거나 우리가 알기론 그 고양이는 기독교인이었고 잡혀갈 당시에 관절도 뻣뻣하게 굳어있었으니까 말이야. 남자아이 가운데 하나가 그녀에게 그 고양이의 이름을 '스프링클'이라고 지었어야 한다고 말했어. 그는 완전히 물에 잠기는 세례를 믿는 독실한 침례교 신자였어. 비록 그 고양이들은 내가 그렇게 세례를 주지 않은 것에 대해 나에게 감사해야겠지만 말이야. 그는 우리가 세례를 준 방식으로는 어떤 효과도 얻을 수 없다고 우리에게 말했지만, 우리는 그가 틀렸다는 것을 증명할 수 없었어. 우리 '소피'는 먼 친척임에 틀림없어.

이 사랑스런 노(老) 목사는 이제 예식의 중요성과 세례 때 역사하시는 하나님의 능력에 깊이 빠져든 아시시의 성 프란체스코를 통해 잘 알려진 일종의 신학을 반영한다.

> 나는 아직도 내 손바닥 아래에서 그 작고 따뜻한 얼굴이 어떻게 느껴졌는지 기억하고 있단다. 누구나 고양이를 쓰다듬지. 하지만 축복하려는 순수한 의도로 만지는 것은 완전히 다른 거야. 그것이 내 마음에 남아 있거든. 그 후 수년간 우주적 관점에서 우리가 그들에게 무엇을 했는지 궁금해 했었지. 아직도 그것이 나에게는 정말 의문이란다. 축복 안에는 실재가 있

는데, 나는 세례가 원래 그런 것이라고 생각하고 있어. 세례는 거룩함을 극대화하지는 않지만 그것을 인정한단다. 그리고 그 안에는 능력이 있어. 말하자면 나는 그것이 내 속을 통과하는 것을 느꼈단다. 한 피조물을 정말 아는 느낌, 내 말은 나의 신비로운 생명과 그것의 신비로운 생명을 동시에 정말로 느낀다는 뜻이지. 나는 너에게 목회를 하라고 재촉하고 싶지는 않아. 그러나 만일 내가 지적하지 않으면 네가 알아차리지 못할 수도 있는, 그것이 지닌 장점도 더러 있단다. 복을 주기 위해 목사가 되어야 한다는 것은 아니야. 단지 네가 그 자리에 있다면 너 자신을 발견할 가능성이 훨씬 더 크다는 것이지. 그것이 사람들이 너에게 기대하는 거야. 나는 소명이 가지고 있는 이러한 측면을 문학에서는 왜 제대로 다루지 않는지 모르겠구나.

이 이야기는 어린이들이 자기들이 본 것을 행동으로 옮기는 그들만의 지극히 보편적인 습관을 글로 표현한 것이다. 나는 이것을 신성하지 않은 것을 무언가 신성한 것으로 만드는 신성한 습관이라고 말하고 싶다. 교회 안의 다른 많은 행위와 같이 세례를 베푸는 예배는 어린이들이 관찰하고 모방할 수 있는 기회를 제공해준다. 모방은 영성 교육에 있어 매우 중요하며, 우리처럼 유아 세례를 베푸는 교회만이 우리 자녀들에게 우리를 모방하게 하는 교육을 하는 것이 아니다. 침례교 신자들도 이와 같이 한다.

하퍼 리(Harper Lee)는 자신의 소설 『가서 파수꾼을 세워라』(*Go Set a*

Watchman)에서 침례교 유형의 세례 이야기에 관해 썼다. 그는 신앙 부흥회를 재현하고 모방하는 어린이들의 이야기를 그의 소설에서 소개하고 있는데, 그들은 한 지역의 부흥사가 지옥불과 하나님의 저주에 관해 한 설교에 충격을 받고 앞으로 나아가 회개하고 세례를 받는다.

> 젬은 그녀가 그동안 들어본 설교 중에서 가장 길고 지루한 설교를 했다. 그는 죄는 그가 생각할 수 있는 것 중에 가장 사악한 것이며, 죄를 지은 사람은 아무도 성공할 수 없고, 죄를 경멸하는 자의 자리에 앉은 사람은 복이 있다고 말했다. 짧게 말하자면 그는 그들이 지난 사흘 밤 내내 들었던 모든 것을 그의 버전으로 반복했다.…
>
> 그는 지옥 이야기로 시작했지만, 그녀는 "젬, 이제 그만해"라고 말했다. 무어헤드 목사의 설명만으로도 그녀가 평생 들어도 모자랄 만큼 충분했다. 젬은 이제 분야를 바꾸어 천국을 다루기 시작했다. 천국에는 바나나(딜이 좋아하는 것)와 크림소스에 구운 감자(그녀가 가장 좋아하는 것)로 가득하고, 그들이 죽으면 그들은 그곳으로 가서 최후의 심판 날까지 거기서 좋은 것을 먹겠지만, 최후의 심판 날에는 그들이 태어난 날부터 그들이 행한 모든 것을 책에 기록한 하나님이 그들을 지옥에 던져버릴 것이다.
>
> 젬은 예배를 마치며 그리스도와 연합하기를 원하는 사람은 모두 앞으로 나오라고 말했다. 그녀가 앞으로 나갔다.
>
> 젬은 그의 손을 그녀의 머리에 얹고 말했다, "젊은 여성분, 당신은 회

개하십니까?"

"네, 그렇습니다." 그녀가 대답했다.

"세례는 받으셨습니까?"

"아닙니다." 그녀가 말했다.

"자, 그렇다면…." 젬은 연못 안에 있는 검은 물에 자신의 손을 담갔다가 그녀의 머리에 얹었다. "내가 너에게 세례를 주노니…."

"야, 잠깐만!" 딜이 소리쳤다. "그렇게 하는 거 아니야!"

"나는 이렇게 하는 거라고 생각하는데"라고 젬은 말했다. "스카웃과 나는 감리교 신자야."

"그래, 하지만 우리는 지금 침례교 부흥회를 하고 있잖아. 그녀를 물속에 집어넣어야지. 그리고 나도 세례를 받아야 할 것 같아." 세례 의식과 관련된 문제들이 딜의 눈에 보이기 시작했고, 그는 자기가 그 역할을 맡아야 한다고 따졌다. "그건 바로 나야! 내가 침례교 신자니까 내가 세례를 받아야지"라고 그는 주장했다.

젬은 그녀의 손을 잡고 작은 연못으로 데리고 갔다. 물은 따듯했고 진흙투성이였으며, 바닥은 미끄러웠다. "딱 한 번만 물속에 넣어야 해" 그녀가 말했다.

젬은 연못 가장자리에 서 있었다. 침대시트를 뒤집어쓴 아이가 그에게로 다가와 그 팔을 넓게 벌려 날개를 쳤다. 젬은 그녀의 등을 붙잡고 물 아래로 밀어 넣었다. 그녀의 머리가 수면 아래로 들어갈 때 그녀는 젬이

"진 루이스 핀치, 내가 너에게 세례를 주노니…"라는 소리를 들었다.[9]

이 흥미로운 이야기는 어미 고양이가 아닌, 어린이들의 신성한 모방을 도저히 받아줄 수 없는 규율 담당 선생에 의해 중단된다. 그러나 요점을 전달하기에는 충분하다. 어린이들은 세례와 같이 신성한 행위를 포함하여 그들이 본 것을 그대로 모방한다. 『길리아드』에 나오는 어린이들과 『가서 파수꾼을 세우라』에 나오는 어린이들은 모두 세례를 베푸는 예배를 스스로 지켜보면서 세례에 관해 배웠다. 세례 예배는 성공회 예배의 핵심을 보여준다. 우리는 우리 예배에서 우리의 신학을 배운다 (설령 이 두 이야기에 등장하는 어린이들이 세례에 관해 보다 더 나은 신학을 배울 필요가 있다 하더라도 말이다).

저항과 개인 믿음

어떤 이들은 신자의 개인 믿음에 큰 강조점을 두기 때문에 유아에게 세례를 베푸는 것에 대해 여전히 저항한다. 그 누구도 개인의 믿음을 무시하길 원치 않으며, 그 누구도 세례받은 유아가 전혀 인식하지 못하는 가운데서도 자신의 구원 문제를 완전히 해결했다고 단정할 수 없다. 성경의 가르침은 하나님으로부터 비롯되었으며, 가정을 중심으로 한

9 Harper Lee, *Go Set a Watchman: A Novel* (New York: Harper, 2015), 64-67.

언약에 기초한다. 아버지(어떤 경우에는 어머니)가 언약을 체결하면 나머지 가족들도 함께 그 언약 속으로 들어가고, 그 과정에는 자녀를 언약 신앙으로 양육하고 교육하여 그 자녀가 책임 있는 성인으로서 언약의 일원으로 성장하는 것이 포함된다. 유아 세례는 어린 자녀가 영적 성숙을 향해 나아가는 여정의 출발점이다. 이것이 중요한 이유는 종종 구약 성경을 자주 읽지 않는 많은 이들이 이 점을 쉽게 간과하기 때문이다. 즉 하나님은 아브라함과 더불어 부모의 신앙이 그 아이의 신앙에 영향을 주는 패턴을 고안해내셨다. 우리의 언약 신앙이 처음 시작할 때부터 자녀는 부모의 신앙을 따라 기독교 신앙 안으로 들어왔다.

물론 다른 이유도 있겠지만, 바로 이것이 우리가 유아 세례를 베푸는 이유다. 우리는 세례를 위한 예전을 다룰 때 이와 관련된 문제를 다시 논의할 것이다.

It Takes a Church
to Baptize

제3장

세례식과
서약

성경 봉독과 설교가 끝나면 예배의 모든 순서는 이제 세례 자체에 집중된다. 우리 교회 사제는 교회 가족 전체에게 피세례자들을 소개한다. 성인이 세례를 받는 경우 그 사람은 자신의 의사를 스스로 표현한다. 또한 아주 오래된 교회의 전통에 따라 피세례자를 위한 소위 "후견인"(sponsor, 대부/대모) 제도가 있다. 이들은 우리 교회 신자로서 이 피세례자가 그리스도를 믿으며 세례를 받을 만한 자격이 있음을 확실하게 증언해줄 수 있는 자다.[1] 이어서 우리 교회 사제는 각 사람에게 질문한다.

집전자: 세례받기를 원하십니까?

피세례자: 네, 그렇습니다.

피세례자가 유아일 경우 그의 부모 혹은 대부모는 그 아이를 대신하여 다음과 같이 말한다. "나는 테오가 세례를 받도록 추천합니다."

이제 세례를 위한 예배는 그 자리에 참석한 모든 이에게 매우 진

---

1 사실 후견인은 박해 때문에 생겨났다. 회심자로 가장한 외부인이 교회 안으로 잠입하여 누가 이 모임에 참여하는지를 알아낸 후 그 명단을 당국에 넘기기 위해 교회에 접근할 여지도 있었다. 따라서 후견인은 피세례자가 신뢰할 만한 사람임을 보증해주는 역할을 했다.

지한 질문이 주어지는 시간으로 넘어간다. 우리가 이처럼 세례를 위한 배경이 되는 교회에 집중한다는 것은 세례가 언약 가족에 기초한 것임을 잘 드러내주며, 이러한 모습을 처음으로 목격하는 이들에게도 새로운 깨달음을 준다.

서약의 세 단계

우리 교회 사제는 유아의 부모와 대부모에게 중대한 서약을 요구한다. 성공회 신학자인 J. I. 패커는 여기서 "쌍방 언약"에 관해 언급한다. 즉 하나님은 우리의 구속을 위해 우리와 언약을 맺으시고, 또 우리는 누군가를 신앙으로 양육하기 위해 하나님과 언약을 맺는다.[2] 세례 예배에서 이루어지는 서약은 신명기 6장에 기록된 이스라엘의 그 유명한 쉐마와 완벽하게 일치하는데, 이 본문은 언약이 가족과 민족과 교회에 기초한 신앙 훈련이라는 성경의 패턴의 심오함을 다시 한번 우리에게 보여준다.

> 이스라엘아! 들으라. 우리 하나님 여호와는 오직 유일한 여호와이시니 너는 마음을 다하고 뜻을 다하고 힘을 다하여 네 하나님 여호와를 사랑

2 J. I. Packer, *Baptism and Regeneration* (Newport Beach, CA: Anglican House, 2014), 8-9.

> 하라. 오늘 내가 네게 명하는 이 말씀을 너는 마음에 새기고 **네 자녀에게 부지런히 가르치며 집에 앉았을 때에든지 길을 갈 때에든지 이 말씀을 강론할 것이며**, 너는 또 그것을 네 손목에 매어 기호를 삼으며 네 미간에 붙여 표로 삼고 또 네 집 문설주와 바깥문에 기록할지니라(4-9절).[3]

성경에 기록된 이러한 의미심장한 말씀이나 세례 예전에서 낭독되는 이 말씀의 관례적 성격이 아니라면 이 말씀의 의미심장한 내용은 우리를 놀라게 하기에 충분했을 것이다. 이것은 하나님의 은혜에 대한 반응이며, 이 아이들의 신앙 훈련을 위한 책임을 다하고 그들을 신앙으로 양육하겠다는 부모와 대부모의 공적 서약이다. **그렇다면 이 서약의 첫 번째 단계는 우리 가정을 신앙으로 양육하는 것이다.**

「공동 예배서」는 이 서약을 다음과 같이 표현한다.

> 집전자: 믿음은 하나님이 그의 백성에게 주신 선물입니다. 주님은 세례식에서 그가 부르시는 자들을 우리 가운데 더하고 계십니다. 하나님의 백성이여, 이 어린이/피세례자를 환영하고, 그리스도 안에서 새롭게 시작하는 그들의 삶을 지지하시겠습니까?
>
> 모두: 우리는 하나님의 도우심으로 그렇게 할 것입니다.

---

3 나는 다음의 책에서 이에 관한 글을 썼다. *The Jesus Creed: Loving God, Loving Others*, 10th anniv. ed. (Brewster, MA: Paraclete, 2014; 『예수 신경』, 새물결플러스 역간).

그다음에 이어지는 내용은 다른 모든 세례식 순서와 동일하거나 비슷하다. 이 내용은 자녀를 신앙으로 양육하겠다는 가족의 서약을 강조한다.

집전자: 당신은 당신이 데리고 나온 이 어린이가 앞으로 기독교 신앙과 삶 속에서 성장하도록 책임을 다하실 것입니까?

부모와 대부모: 네, 하나님의 도움으로 그렇게 할 것입니다.

집전자: 이 어린이가 그리스도의 장성한 분량에 이르기까지 성장하도록 당신의 기도와 증거로 도울 것입니까?

부모와 대부모: 하나님의 도움으로 그렇게 할 것입니다.

우리는 교회에서 진행하는 강의나 집에서 진행하는 성경공부 또는 교회에서 선포되는 설교에서 교회 가족의 공적 서약의 심각성에 대해 더 많은 시간을 할애할 필요가 있다. 확실한 것은 부모와 대부모가 이 서약을 통해 어린이를 신앙으로 양육하는 막중한 책임을 지게 된다는 것이다.

캐라 파웰과 챕 클라크가 쓴 『끈끈한 믿음』(*Sticky Faith*)이라는 멋진 책은 부모가 자신들의 모습을 자녀에게서 그대로 보게 된다는 사실을 우리에게 상기시켜준다.[4] 그들은 또한 "끈끈한 믿음"을 형성하기

---

4 Kara E. Powell and Chap Clark, *Sticky Faith: Everyday Ideas to Build Lasting Faith in Your*

위해서는 선생 한 명당 다섯 명의 학생으로 구성된 소그룹 교육 모델에서 선생과 학생의 비율이 뒤바뀌어야 한다고 주장한다. 다시 말하면 젊은이 한 명의 인생을 끈끈한 믿음으로 만들기 위해서는 적어도 다섯 명의 성인 멘토가 필요하다는 것이다. 유감스럽게도 그들의 연구는 여덟 명의 청년 가운데 오직 한 명만이 기독교 신앙에 관해 자신의 어머니와 대화를 나누고, 스무 명 가운데 오직 한 명만이 기독교 신자 아버지와 이러한 대화를 나눈다는 것이다! 이러한 안타까운 현상은 매우 불안정한 신앙을 조성한다. 성공회 소속의 마이클 그린(Michael Green)은 수없이 많은 세례식에 참석하면서 그때마다 피세례자가 신앙으로 양육받는 것에 대한 심각성을 인식하지 못하는 많은 교회 지도자와 교회, 그리고 부모와 대부 및 대모의 모습을 목격하고 이에 분개하면서 다음과 같이 경고한다.

> [유아 세례는] 부모와 대부의 지도 없이, 설교 없이, 아무도 없는 오후에 약간 물을 뿌리는 것으로 거행된다. "목사님! 우리는 세례를 고상하고 사적으로 치르고 싶습니다."

유감스럽게도 이런 모습은 실제로 우리 가운데서 일어나는 일이다. 이것을 전적으로 막을 길이 없다. 언약 안으로 들어왔음을 기념하는 행사는 축하하는 시간이 되어야 하며 그리스도의 몸인 교회 안으로 들어오

Kids (Grand Rapids: Zondervan, 2011).

는 것을 공식적으로 환영하는 시간이 되어야 한다. 사전에 부모와 대부모에 대한 철저한 교육이 시행되어야 하며, 세례식 도중에 회중에게 세심한 지침이 주어진 이후에 세례를 베풀어야 한다. 대다수 주류 교단은 이것에 대하여 지나치게 느슨하며, 많은 사람의 마음속에 존재하는 성례에 대한 무덤덤함과 미신에 대해 그들 스스로 책임을 져야 할 것이다.

세례는 주요 예배 중 하나에서 회중이 참석한 가운데 거행되어야 한다.…이것을 사적인 일로 만드는 것은 옳지 않다.[5]

맞다. 가정과 교회의 양육 없이 베푸는 유아 세례는 득보다 해가 더 많다. 하지만 부모와 대부모 및 교회가 보이는 느슨함을 해결하는 방법은 성인 세례에 있다기보다 부모와 교회의 새로운 마음가짐에 있다.

세례 예배에서 첫 번째 서약은 부모와 대부모를 위한 것이다. **두 번째 서약은 우리 교회 사제가 부모와 대부모, 그리고 세례를 받는 성인들을 바라보며 회심에 대한 공적 서약 이후에 이어진다.** 그러나 그 정확한 내용을 살펴보기 이전에 우리는 먼저 이 서약이 많은 이들에게 거슬릴 수 있다는 사실을 인지할 필요가 있다. 우리는 이 세상에서 살기 가장 편한 방식으로 생활하기 때문에 어떤 이들에게는 그 차이—교회와 세상의 차이, 또는 세상과 하나님 나라의 차이, 또는 세상과 그리

---

5 Michael Green, *Baptism: Its Purpose, Practice, and Power* (Downers Grove, IL: InterVarsity, 1987), 96-97.

스도인의 삶의 차이—가 안 느껴질 수도 있다. 성경이 이해하는 세상은 구속받지 못한 이들이 하나님을 향해 반항하는 것이며, 교만과 힘과 쾌락과 사욕으로 구성되어 있다. 예수와 사도들은 하나님 나라의 백성에게 이 세상과 어두움의 나라—교만, 힘, 쾌락, 사욕으로 가득 찬—에서 빛의 나라로 돌아설 것을 촉구한다. 이 세상 배후에는 **사탄과 악과 불의와 증오라는 그의 심복들이 있다.** 교회의 역사 초기부터 피세례자들—또는 후견인들, 부모들, 대부들—은 세상과 사탄으로부터 돌아서서 하나님께로 향할 것을 사람들 앞에서 서약하도록 요구받았다. 우리 교회 사제는 다음과 같이 묻는다.

질의: 당신은 사탄과 하나님을 대항하는 모든 사악한 영적 세력과의 관계를 청산하시겠습니까?

응답: 저는 그 모든 것을 청산합니다.

질문: 당신은 하나님의 피조물들을 타락시키고 멸망시키는 이 세상의 악한 세력들과의 관계를 청산하시겠습니까?

응답: 저는 그 모든 것을 청산합니다.

질문: 당신은 하나님의 사랑으로부터 당신을 멀어지게 만드는 모든 죄에 물든 욕망을 청산하시겠습니까?

응답: 저는 그 모든 것을 청산합니다.

질문: 당신은 예수께로 돌아서서 그분을 당신의 구세주로 받아들이십니까?

응답: 네, 그렇습니다.

질문: 당신은 그분의 은혜와 사랑을 전적으로 신뢰하십니까?

응답: 네, 그렇습니다.

질문: 당신은 당신의 구세주로서 그분을 따르고 순종할 것을 약속하시겠습니까?

응답: 네, 그렇습니다.

당신은 어쩌면 이것이 너무 지나친 것이 아닌지 의아해할 수도 있고, 혹은 이 세상의 악한 세력과 사탄에 이렇게 큰 강조점을 두는 것에 싫증을 느낄지 모르지만, 우리는 세상에서 벌어지는 영적·우주적 전쟁에 관해 신약성경이 말하는 것을 오늘날 교회에서 거의 듣지 못하고 있다. 피세례자와 후견인을 위한 서약에서 우리는 진정한 회심이 일어날 때 발생하는 갈등에 대한 훌륭한 신학을 접한다. 회심한다는 것은 세상과 사탄과 구조적인 악과 육에서 그리스도께로, 성령께로, 그리고 그리스도에 대한 순종으로 돌아서는 것이다. 이 말씀의 배후에는 하나님—성부, 성자, 성령—과 하나님의 백성이 육체와 주권자들 및 권세들과 벌이는 우주적 전쟁이 있다. 바울은 다음과 같이 말한다. "육체의 소욕은 성령을 거스르고 성령은 육체를 거스르나니, 이 둘이 서로 대적함으로써 너희 원하는 것을 하지 못하게 하려 함이니라"(갈 5:17). 다른 편지에서 그는 이것을 좀 더 우주적인 차원에서 묘사한다. "우리의 씨름은 혈과 육을 상대하는 것이 아니요 통치자들과 권세들과 이 어둠의 세상

주관자들과 하늘에 있는 악의 영들을 상대함이라"(엡 6:12; 6:10-17 전체를 보라).

세 번째 서약은 기독교 신조, 즉 교회의 전통적 신앙에 대한 서약이다.[6] 기독교 신조 역시 "교회의 중요성"을 강조한다. 우리가 공적으로 확언하는 신조는 우리 교회의 부제 혹은 사제 가운데 한 명이 작성하거나 우리 교구에서 동의한 신앙 선언문이 아니며, 오늘날 우리 가운데 가장 똑똑한 신학자들에 의해 작성된 그 어떤 신학적인 신조도 아니다. 우리는 1700년 혹은 1800년 이상 된 사도신경 혹은 니케아 신경을 우리의 신앙고백으로 받아들이고, 이것을 모든 시대의 모든 교회를 위한 신앙고백으로 받아들인다.[7] 세례와 신조의 형성 과정은 최초기 교회 안에서부터 서로 밀접하게 맞닿아 있었기 때문에 우리가 이 둘을 모두 세례식에서 우리의 신앙고백으로 받아들이는 것은 매우 적절한 처사일 뿐만 아니라 커다란 역사적 의미를 담고 있다. 우리 교회 사제는 이제 우리로 하여금 사도신경으로 우리의 신앙을 고백하게 한다.

---

6 「공동 예배서」에서는 신앙고백에 앞서 다음 두 가지가 선행된다. 즉 피세례자 각 사람의 이마에 십자가 표시를 하고 세례 물을 위해 기도한다. 우리는 나중에 「공동 기도서」에서 이 주제들을 다룰 것이다(아래 6장 참조).

7 니케아 신경 혹은 사도신경에 관하여 더 알고 싶다면 나는 다음 책을 추천한다. Alister McGrath, *"I Believe": Exploring the Apostles' Creed* (Downers Grove, IL: InterVarsity, 1998). 더 학문적인 논의를 위해서는 InterVarsity Press의 고대 기독교 교리 시리즈를 추천한다.

집전자: 당신은 성부 하나님을 믿으십니까?

회중: 나는 전능하신 아버지 하나님, 천지를 지으신 창조주를 믿습니다.

집전자: 당신은 예수 그리스도, 성자 하나님을 믿습니까?

회중: 나는 그의 단 하나뿐인 아들, 우리 주 예수 그리스도를 믿습니다. 그는 성령으로 잉태되어 동정녀 마리아에게서 나시고, 본디오 빌라도에게 고난을 받아 십자가에 못박혀 죽으시고, 장사된 지 사흘 만에 죽은 자 가운데서 다시 살아나셨으며, 하늘에 오르시어 전능하신 하나님 우편에 앉아 계시다가 거기로부터 살아 있는 자와 죽은 자를 심판하러 오십니다.

집전자: 당신은 성령 하나님을 믿으십니까?

회중: 나는 성령을 믿으며, 거룩한 공교회와 성도의 교제와 죄를 용서받는 것과 몸의 부활과 영생을 믿습니다.

이제 우리가 고백하는 신조가 하나님이 행하신 일을 얼마나 강조하고, 또 우리가 할 수 있거나 또는 이미 한 것에 대해 얼마나 철저하게 침묵하고 있는지를 주목하라. 우리 신조는 세례가 바로 하나님이 행하시는 일이라는 것을 각 대목에서 우리에게 상기시켜준다.

아직 모든 것이 끝나지 않았다. 왜냐하면 사제의 책임은 이제 모든 참석자로 하여금 보다 더 공개적으로 교제, 회개, 전도, 사랑, 정의를 위

해 그리스도를 따르겠다는 서약을 이끌어내는 것이기 때문이다.[8]

집전자: 당신은 사도들의 가르침과 교제, 떡을 떼는 일과 기도에 힘쓰시겠습니까?

회중: 하나님의 도움으로 그렇게 할 것입니다.

집전자: 당신은 계속 악에 저항하기를 힘쓰고 죄에 빠질 때마다 회개하고 주님께로 돌아오시겠습니까?

회중: 하나님의 도움으로 그렇게 할 것입니다.

집전자: 당신은 그리스도 안에서 하나님의 복음을 말과 모범적인 행실로 보여줌으로써 선포하시겠습니까?

회중: 하나님의 도움으로 그렇게 할 것입니다.

집전자: 당신은 이웃을 당신 자신과 같이 사랑하며 모든 사람을 섬기도록 노력하시겠습니까?

회중: 하나님의 도움으로 그렇게 할 것입니다.

집전자: 당신은 모든 사람 앞에서 정의와 평화를 위해 노력하며 각 사람의 존엄성을 존중하시겠습니까?

회중: 하나님의 도움으로 그렇게 할 것입니다.

---

8 비록 「공동 예배서」에는 나타나 있지 않지만, 이와 비슷한 지침은 세례식 끝부분에 진행되는 서약에서도 발견된다.

어떤 이들은 이러한 서약이 얼마나 예리하고 요구하는 바가 큰지를 깨닫고 놀랄지도 모른다. 또 어떤 이들은 세례식 예배가 너무 길다고 생각할 것이다. 이에 대한 전통적이며 올바른 반응은 교회를 사랑하는 사람이라면 누구나 이러한 서약이 회심한 자들과 유아들을 믿음으로 양육 할 수 있는 지속 가능한 교회를 세워갈 것이라는 데 동의하리라는 것이다. 이러한 교회들은 끈끈한 믿음을 양성한다. 물론 우리는 유아 세례에서 출발하여 성숙한 그리스도인 제자가 되는 과정이 그리 만만치 않다는 것을 잘 알고 있다. 우리는 별 의미 없고 실현 가능성도 없는 것들을 먼저 말로 떠벌일 때도 많다는 것을 시인하므로, 우리는 하나님의 은혜로 세례받은 자들이 견고한 믿음을 갖도록 하나님께 기도할 것을 요청한다. 재차 강조하지만 우리는 세례가 하나님께서 우리 가운데 행하시는 일임을 강조하지 않을 수 없다.

어쩌면 바로 지금이 입교 대상자들도 피세례자들과 함께 세례 예전에 참석한다는 점을 언급하기에 가장 적절해 보인다. 입교에서는 가정과 교회에 기반을 둔 신앙 교육의 중요성이 더욱더 크게 드러난다. 유아 세례를 받은 후에 어린이들은 가족과 교회를 통해 믿음으로 양육받으며 신앙의 본질에 대해 배운다. 그리고 그들은 주로 10대 초반에 입교 대상자가 된다. 다시 말하면 그 어린이는 이제 충분한 가르침을 받고 개인적으로 신앙을 받아들일 수 있는 단계에 이르렀다고 볼 수 있다. 이것은 세례식이 단지 유아들뿐만 아니라 회중 앞에서 자신의 신앙을 공개적으로 고백한 이들을 위한 것이기도 하다는 것을 의미한다.

여기서 강조해야 할 점은 입교 때가 아니라 세례를 받을 때 비로소 그 사람이 교회의 일원으로 받아들여진다는 것이다.

다시 세례식 예배로 되돌아가자. 교회 지도자 중 한 명이 앞으로 나아가 대표로 일련의 기도를 인도하지만, 이 기도는 사실 교회 전체가 어린이들과 새 신자들을 위해 지속적으로 드려야 하는 기도다. 우리 교회에 속한 이들은 현재 진행되고 있는 세례 의식에 집중하며 대표로 드려지는 기도를 들으면서 자신들이 세례받을 때 했던 서약을 재차 다짐하는 기회를 얻는다. 이것이 내가 우리 교회 세례식에 참석할 때마다 내 안에서 일어나는 현상임을 나는 잘 알고 있다. 나는 다른 이들도 이와 동일한 경험을 하리라 확신한다. 이것을 우리의 기도 제목으로 삼는 것이야말로 우리의 회심과 제자도의 진정한 근원이 되시는 성부와 성자와 성령께 우리 마음을 온전히 드리는 것이다.

우리는 하나님께서 피세례자들을 죄로부터 보호해주시고, 그들의 마음을 열어주시며, 그들에게 성령의 선물을 주시고, 믿음 안에서 그들을 붙들어 주시고, 그들을 사랑으로 채우시며, 그들이 세상에서 복음의 도구가 되게 하시고, 그들에게 성숙함을 허락하셔서 그리스도를 닮아가도록 간구한다. 이 세례식 예배가 그리스도인의 삶이 유아 세례로 시작하여 성인이 되기까지의 회심 과정임을 보여준다는 점에 다시 한 번 주목하라. 그리고 세례가 세례받은 자들이 예수의 성숙한 제자가 되는 것을 보장해주지 않는다는 점에도 유의하라. 따라서 우리는 기도를 통해 하나님께 이렇게 간구한다.

인도자: 오 주님, 이들을 죄와 죽음의 길에서 구원하옵소서.

회중: 주님, 우리의 기도를 들으소서.

인도자: 그들의 마음이 당신의 은혜와 진리를 향해 열리게 하소서.

회중: 주님, 우리의 기도를 들으소서.

인도자: 생명을 주는 당신의 거룩한 영을 이들에게 채워주소서.

회중: 주님, 우리의 기도를 들으소서.

인도자: 당신의 거룩한 교회의 교제와 믿음 안에서 그들을 지키소서.

회중: 주님, 우리의 기도를 들으소서.

인도자: 성령의 능력 안에서 다른 사람들을 사랑하도록 가르치소서.

회중: 주님, 우리의 기도를 들으소서.

인도자: 당신의 사랑의 증인으로 그들을 세상에 보내소서.

회중: 주님, 우리의 기도를 들으소서.

인도자: 당신의 평화와 충만한 영광을 그들에게 허락하소서.

회중: 주님, 우리의 기도를 들으소서.

이어서 우리 교회 사제는 피세례자들을 위한 기도를 드리기 위해 앞으로 나아간다. 나는 지혜로 가득 찬 이러한 기도에 깊이 공감하게 되었는데, 이는 이 기도가 복음 자체를 크게 강조하기 때문이다.

오 주님, 당신의 아들 예수 그리스도의 죽음과 합하여 세례를 받은 모든 자를 붙들어 주셔서 그 부활의 능력 안에서 살게 하시고 영광 중에 다시 오시사 이제와 영원토록 살아 계시며 다스리시는 그분을 기다리게 하소서. 아멘.

이 기도는 세례 신학의 핵심을 드러내 보여준다. 세례를 받는다는 것은 예수의 죽음 안으로 들어가는 것이며, 예수의 부활 안에서 다시 살아나는 것이며, 제자도를 통해 성령 안에서 자기 부인과 승리의 생명으로 옷 입는 것이다.

현명한 생각

사실 가장 탁월한 사상가들도 자신들이 성인이 되어 세례를 받을 때 그 세례의 온전한 의미를 다 깨닫지 못한다. 위대한 러시아 정교회 신학자인 알렉산더 슈메만은 우리가 세례식에서 예수의 죽음과 부활의 복음을 **이해하지 못한다**는 사실에 주목한다. 그것을 다 이해하려면 평생이 걸릴 것이며 더 온전히 깨닫기 위해서는 영원한 시간이 걸릴 것이다. 그는 우리가 우리의 지식으로 구원 받은 것이 아니며, 우리가 받은 세례는 우리가 우리 믿음의 신비를 얼마나 이해하느냐에 달려 있지 않다는 것을 상기시켜준다. 이와 마찬가지로 세례는 신학에 관해 시험을 치르고 이를 통과한 결과로 주어지는 것이 아니다.[9] 사실 많은 신

9 Alexander Schmemann, *Of Water and the Spirit: A Liturgical Study of Baptism* (Crestwood,

학자들은 세례가 세례받는 사람 모두를 (그가 성인이든 유아든) 유아로 만든다고 말했다. 이제 유아 세례를 강조해야 할 이유가 마침내 드러났다. 즉 세례를 받을 만한 자격을 우리에게 부여하는 것은 우리가 무엇을 하는 것에 달려 있지 않고, 우리를 위해 그분이 행하신 것에 달려 있다는 것이다. 유아가 세례를 받을 때 나타나는 그리스도의 사역이 바로 구속을 가져다주는 것이다.

우리는 세례가 무엇인지에 관해 좀 더 생각하기 위해 여기서—사제가 피세례자들에게 세례를 주기 바로 직전에—잠깐 멈출 필요가 있다. 따라서 앞으로 이어질 두 장은 세례 신학과 유아 세례를 옹호하는 주장을 한층 더 깊이 다룰 것이다.

NY: St. Vladimir's Seminary Press, 1997), 66-70.

It Takes a Church
to Baptize

제4장

세례에 관한
중요한 세 가지 주제

방금 언급한 그 위대한 러시아 정교회 신학자 알렉산더 슈메만의 통찰은, 제아무리 신학자들 사이에서 높이 평가를 받는다 하더라도, 사실 성경에 근거한 것은 아니다. 성경을 가르치는 교수로서 나는 우리의 신학과 실천이 성경의 지지를 받아야 하며, 제아무리 우리가 높이 평가하는 이들이라 할지라도 단지 우리가 좋아하는 신학자들이나 목사들의 말에만 의존해서는 안 된다고 생각한다. 이 점은 처음부터 성공회의 핵심을 나타내는 요소 가운데 하나였으며, 「39개 신앙 조항」의 여섯 번째 조항에 포함되어 있었다. 우리가 믿는 바를 구체적으로 표현하는 데 있어 성경의 중요성을 이 조항보다 더 잘 표현해주는 진술은 거의 없다.

> 성경은 구원에 필요한 모든 것을 담고 있다. 그러므로 성경에서 읽을 수 없고 성경을 통해 증명될 수 없는 것들은 어떤 사람에게도 신앙의 신조로 믿어야 한다거나 구원에 필요한 사상으로 요구될 수 없다.[1]

우리는 여기서 우리가 믿는 바를 확립하는 데 두 가지 기본 원칙이

---

1 *The Book of Common Prayer: According to the Use of the Episcopal Church* (New York: Oxford University Press, 1990), 868.

있다는 사실을 깨닫게 된다. 첫째, 성경은 우리의 구속을 위해 필요한 내용을 담고 있다. 둘째, 성경에 들어 있지 않거나 성경을 통해 증명할 수 없는 내용은 구원을 위해 필요한 것이 아니다.[2] 나는 먼저 성경을 우선시하는 **성경의 우위성**(*prima scriptura*)을 믿는다.

유아 세례의 중요성을 바르게 인식하기 위해서는 세례의 의미 자체를 살펴볼 필요가 있다. 세례란 무엇인가? 세례는 무엇에 관한 것인가? 우리는 성경에 근거한 답을 제시하기를 원하기 때문에 우리가 이번 장에서 제기하는 질문은 다음과 같다. 성경은 과연 세례의 **의미**에 관해 어떻게 말하고 있는가? 신약성경이 제시하는 세례의 의미를 종합하면 다음과 같이 세 가지 주제가 두드러진다. 이 세 가지 주제는 사실 유아 세례의 의미에도 영향을 미친다. 나는 본장에서는 먼저 이 주제들을 설명하고, 5장에 가서 유아에게도 세례를 베풀어야 하는 이유들을 제시할 것이다.

세례의 세 가지 주제는 (1) 그리스도와의 연합, (2) 성령과 입교, (3) 죄 사함과 구속이다. 각 주제는 하나님께서 우리를 사랑하심으로써 우리를 위해 행하신 일을 강조한다.

---

2 나는 2장에서 "신학"과 "거대한 사상"이라는 용어를 내가 "성경이 보여줄 수 있는 증거"라고 여기는 것을 가리키는 데 사용한다.

세례는 우리를 그리스도와 연합하게 한다

세례의 의미에 대한 가장 이른 시기의 사색 가운데 하나는 어떤 이가 세례를 받을 때 사도 바울이 한 말에서 발견된다. "네가 만일 네 입으로 예수를 주로 시인하며 또 하나님께서 그를 죽은 자 가운데서 살리신 것을 네 마음에 믿으면 구원을 받으리라"(롬 10:9-10). 대다수 신약학자들은 어떤 사람이 세례를 받을 때 고백한 초기 기독교 신조를 사도 바울이 실제로 인용한 것이라고 생각하는데, 그들의 생각이 맞을 개연성은 매우 높다. 그 당시 예수를 구속자이자 주님으로 고백하지 않고 세례를 받은 자는 아무도 없다. 설령 현재 로마서에 기록되어 있는 이 문장의 정확한 기원에 대한 학자들의 견해가 정확하지 않다 하더라도 세례를 받을 때 요구되는 신앙고백의 중요성에 대한 그들의 지적은 타당하다. 우리가 세례식 예배에 관한 논의에서 이미 살펴본 바와 같이 이러한 신앙고백은 시간이 지나면서 사도신경과 니케아 신경으로 발전했다. 교회 역사가들은 이 신조들이 새로 회심한 이들을 교육하기 위한 기초가 되었고, 그들이 세례를 받을 때 요구되던 신앙고백이었음을 밝혀주었다.

사도 바울의 글을 통해 보존된 이 신앙고백은 피세례자의 믿음이 **그리스도께 초점을 맞추고** 있을뿐더러, 하나님이 그리스도 안에서 성취하신 일에 초점을 맞추고 있다는 사실을 잘 보여준다. 따라서 우리가 다루고자 하는 첫 번째 주제는 신약성경 전반에 걸쳐 나타난 세례가 다음 세 가지 의미에서 **그리스도와의 연합**과 관련된다는 것이다. 즉 (1) 예수 자신의 인격과의 연합, (2) 그 결과로 일어나는 그의 죽음과의 연합, (3) 그의 부활과의 연합이다. 세례를 받는다는 것은 죽임을 당하시고 다시 살아나신 그리스도와 연합하는 것이다.

아래에 제시한 성경 본문을 읽을 때 나는 당신에게 이 본문을 그냥 무심코 읽지 말고 주의 깊게 읽을 것을 당부하고 싶다. 왜냐하면 우리는 이 구절에 근거하여 세례에 관한 우리의 이해를 확립해나갈 수 있기 때문이다. 첫 번째 구절은 그리스도와의 연합—즉 "~의 이름으로"—뿐만 아니라 성부 및 성령과의 연합도 강조한다.

> 그러므로 너희는 가서 모든 민족을 제자로 삼아 아버지와 아들과 성령의 이름으로 세례를 베풀고(마 28:19).

다음 네 구절은 모두 사도행전에 기록되어 있는데, 이 구절들은 세례를 예수의 이름으로 받는 것으로 이해한다.

> 베드로가 이르되 "너희가 회개하여 각각 예수 그리스도의 이름으로 세례를 받고 죄사함을 받으라. 그리하면 성령의 선물을 받으리니"(행 2:38).

> 이는 아직 한 사람에게도 성령 내리신 일이 없고 오직 주 예수의 이름으로 세례만 받을 뿐이더라(8:16).

명하여 "예수 그리스도의 이름으로 세례를 베풀라" 하니라. 그들이 베드로에게 며칠 더 머물기를 청하니라(10:48).

그들이 듣고 주 예수의 이름으로 세례를 받으니(19:5).

누군가의 "이름으로" 세례를 받는 것은 그 사람과 관계를 맺고 그 사람과 연합하는 것이며, 그 사람의 주권 아래로 들어가는 것을 의미한다. 따라서 이 여러 성경 구절은 세례가 우리로 하여금 하나님—성부, 성자, 성령—과의 연합으로 이끄는 행위임을 보여준다. 더 정확히 말하자면 세례는 하나님이 우리로 하여금 성부와 성자와 성령과의 연합으로 이끄는 행위다. (사도행전과 바울 서신은 우리가 예수의 이름으로 세례를 받는다는 점을 강조한다. 따라서 마 28장에 기록된 삼위일체—성부, 성자, 성령—에 대한 언급은 초기 교회가 세례의 온전한 의미를 표현한 것이라고 할 수 있다.)

세례에 관한 신약성경의 다른 두 본문(롬 6:1-14과 골 2:9-15)은 그리스도 안에서 이루어진 하나님과 우리의 연합에 관해 더 많은 것을 가르쳐준다. 로마서 6장에서 바울은 일부 그리스도인들이 자신들이 경험한 죄 사함은 자동적이며 무한하므로 자신들은 여전히 죄 가운데서 살 수 있다고 주장한다는 사실을 인식하고 있다. 이에 대하여 바울은 어떻게 반응하는가? 바울은 그들이 받은 세례에 호소한다. 그는 그들이 세례의 물 속으로 들어간 것은 그들이 "새로운 삶"을 살도록 하기 위함이라고 말한다. 다시 말하면 그들이 물로 세례를 받은 것은 그들이 더 이상 죄로 가득한 삶이 아니라 거룩함과 사랑으로 변화된 삶을 사는 것을 의미할뿐더러, 이러한 삶을 요구한다는 것이다. 바울은 다음과 같이 말한다.

> 무릇 그리스도 예수와 합하여 세례를 받은 우리는 그의 죽으심과 합하여 세례를 받은 줄을 알지 못하느냐? 그러므로 우리가 그의 죽으심과 합하여 세례를 받음으로 그와 함께 장사되었나니, 이는 아버지의 영광으로 말미암아 그리스도를 죽은 자 가운데서 살리심과 같이 우리로 또한 새 생명 가운데서 행하게 하려 함이라(롬 6:3-4).

한편 그는 세례가 죄에 대하여 그리스도의 죽음과 연합하는 것임을 보여주면서 다음과 같은 말로 세례의 신학을 설파한다.

> 우리가 알거니와 우리의 옛 사람이 예수와 함께 십자가에 못 박힌 것은 죄의 몸이 죽어 다시는 우리가 죄에게 종 노릇 하지 아니하려 함이니, 이는 죽은 자가 죄에서 벗어나 의롭다 하심을 얻었음이라(롬 6:6-7).

그리스도께서 죽으시고 또 그 죽음 자체를 멸하셨듯이 그리스도인들도 "자신을 죄에 대하여 죽은 자요 그리스도 예수 안에서 하나님께 대하여는 살아 있는 자로 여"겨야 한다(롬 6:11). 이 세례로 말미암아 하나님의 은혜가 세례받은 자의 삶에 부어진 것이다. 바울은 이제 그리스도인의 삶이 바로 그들이 받은 세례의 삶임을 강조한다.

> 또한 너희 지체를 불의의 무기로 죄에게 내주지 말고 오직 너희 자신을 죽은 자 가운데서 다시 살아난 자 같이 하나님께 드리며 너희 지체를 의의 무기로 하나님께 드리라. 죄가 너희를 주장하지 못하리니 이는 너희가 법 아래에 있지 아니하고 은혜 아래에 있음이라(롬 6:13-14).

세례는 그리스도와의 연합을 의미하며, 그리스도께서 죽으시고 다시 살아나셨기 때문에 그리스도와의 연합은 그리스도와 함께 죽고 그리스도와 함께 다시 사는 것을 의미한다.

이제는 두 번째 본문인 골로새서 2장을 살펴보도록 하자. 바울은 여기서 전적으로 다른 문제, 곧 (우리에게도) 이상하게 보이는 문제에 직면해 있다. 골로새 교회 교인들은 그리스도의 중요성을 축소하면서 이 세상과 그 체계 안에 존재하는 악한 "주관자들" 또는 악한 영들을 높이 평가하는 철학에 매료되었다. 그들은 또한 자신들의 사악한 육체를 혹독한 금식을 통해 극복할 수 있으며, 만약 이 금식을 제대로만 실천한다면 그들에게 영적 승리를 안겨줄 황홀한 환상을 경험하게 될 것이라는 가르침에 빠졌다.[3] 그들은 자신들의 영성에 대해 상당한 자부심

---

3 나는 골로새 교회의 문제에 관해 다음의 책에서 다루었다. Scot McKnight, *The Letter to Colossians*, NICNT (Grand Rapids: Eerdmans, 2018).

을 갖고 있었다. 골로새 교회의 문제는 이만큼 복잡하고 혼란스러운 것이었다.

이에 대한 바울의 응답은 어떠했는가? 그는 그들의 세례를 들고 나왔다. 골로새서를 보면 바울은 거기서 세례를 할례와 아주 긴밀하게 연결한다. 나는 이와 관련하여 5장에서 보다 더 깊이 다루겠지만, 현재로서는 그들의 세례가 그리스도와의 연합을 의미한다는 점을 인식할 필요가 있다. 세례를 통해 그들은 그리스도와 함께 죽었고, 그리스도와 함께 다시 살아났다. 예수의 죽으심과 합하여 하나가 됨으로써 그들은 십자가 상에서 죄를 용서하여주시고 우리 빚을 청산해주실 뿐 아니라 죄의 세력을 무력화시키신 그분과 연합하여 하나가 된다. 따라서 그들은 그 악의 세력에 대하여 죽었고, 십자가는 승리의 도구가 되었으며, 따라서 혹독한 금식과 황홀한 환상은 더 이상 필요 없게 되었다. 이제 그들에게 필요한 것은 믿음으로 그들이 받은 세례 안에 거하는 삶을 터득하는 것이다. 이것을 현대의 말로 표현하자면, 그들이 지금껏 그리스도인으로서 사는 것에 관해 배운 것은 모두 그들이 처음 세례를 받을 때 배운 것이라는 점이다. 이것은 바울이 골로새서 2장에서 세례받은 자의 삶에 관해 가르친 것에 대한 나의 요약이지만, 매우 복잡하고 경이로운 단어들이 들어 있는 그의 말은 이렇다(세례 관련 단어와 세례가 가져다주는 복에 대한 강조는 덧붙여진 것임).

또 그 안에서 너희가 손으로 하지 아니한 할례를 받았으니, 곧 육의 몸을 벗는 것이요 그리스도의 할례니라. **너희가 세례로 그리스도와 함께 장사되고 또 죽은 자들 가운데서 그를 일으키신 하나님의 역사를 믿음으로 말미암아 그 안에서 함께 일으키심을 받았느니라.** 또 범죄와 육체의 무할례로 죽었던 **너희를 하나님이 그와 함께 살리시고 우리의 모든 죄를 사하시고 우리를 거스르고 불리하게 하는 법조문으로 쓴 증거를 지우시고 제하여 버리사 십자가에 못 박으시고 통치자들과 권세들을 무력화하여 드러내어 구경거리로 삼으시고 십자가로 그들을 이기셨느니라**(골 2:11-15).

골로새에서 가장 중요한 문제는 권세들에 대한 승리(십자가에서, 그리고 그들이 십자가와 하나가 된 세례에서)가 이미 이루어졌고, 그들은 이제 그 승리 안에 거하기만 하면 된다는 것이었다. 그들이 해야 할 일은 바로 그들이 부활하신 예수와 함께 다시 살아났을 때 그들의 세례가 성취한 것을 기억하는 것이었다! 바울은 그들에게 다음과 같이 말하고 있다. 금식에 개의치 말며, 황홀한 환상에도 개의치 말라. 우리는 그리스도 안에서 모든 것을 얻었고, 우리는 그가 성취한 모든 것을 얻기 위해 (그 안으로) 뛰어들었다. 바울이 로마서 6장과 골로새서 2장에서 말한 바와 같이 세례를 통해 그들은 죽음과 그 죽음이 가져다준 악의 세력에 대하여 실제로 죽었고, 세례를 통해 그들은 그리스도 안에서 주어진 새로운 삶에 대하여 다시 살아난 것이다.

세례는 우리가 그리스도와 연합하여 하나가 되고 그리스도가 성취한 모든 복을 얻게 하시는 하나님의 놀라운 행위인 것이다.

세례는 성령 받음과 교회 입교로 이어진다

모든 그리스도인을 위한 모형적인 세례는 예수가 요단강에서 세례자 요한에게 받은 세례다. 그때 무슨 일이 일어났는가? 비록 미처 인식되지는 못했지만, 세례의 의미에 있어 매우 중요한 사실은 이 세례가 매우 특별한 장소, 즉 요단강에서 이루어졌다는 점이다. 요한이 사람들에게 세례를 베풀기로 결정한 장소가 바로 이스라엘이 애굽에서 풀려나서 홍해를 건너고, 율법을 받고, 광야에서 방황하고, 다시 요단강을 건너 약속의 땅으로 들어갔던 바로 그 장소였다는 점을 부각하는 것은 이에 대한 의미를 지나치게 크게 부여하는 것은 아니다. 바로 이 장소에서 세례를 서로 주고받은 요한과 예수는 하나님이 이 땅에서 이제 이스라엘의 삶을 막 다시 시작하려고 하신다는 사실을 극적으로 표현한다. 따라서 모세가 이 땅을 위해 열두 지파의 지도자를 임명한 것 같이 예수도 열두 제자를 택하셨다. 이에 대해 추가적으로 더 말할 수도 있지만 여기서는 불필요하다. 우리에게 중요한 것은 **세례가 완전히 새로운 삶의 시작**이라는 점이다.[4]

예수가 요단강 물에서 올라오실 때 심오한 의미가 담겨 있는 두 가지 장면이 펼쳐진다. 즉 성령이 예수의 메시아적 사명을 위해 그에게

---

4 보다 더 상세한 논의는 다음을 보라. McKnight, *The Jesus Creed: Loving God, Loving Others*, 10th anniv. ed. (Brewster, MA: Paraclete, 2014), 65-74.

내려오시고, 성부가 들을 귀가 있는 모든 자에게 이 예수가 다름 아닌 "내 사랑하는 아들이요 내 기뻐하는 자"라고 공표한다(마 3:17). 따라서 이 모형적 세례는 성부가 예수를 궁극적으로 자신의 아들로 인정하고 성령의 능력을 받고 성령으로 기름 부음을 받은 사건과 세례를 서로 연결한다. 따라서 세례는 세례받는 자를 하나님이 자신의 자녀로 공표하는 것이다.

그 유명한 오순절 설교에서 베드로는 회개하고 세례받은 자들에게 그들이 "성령의 선물"을 받을 것을 약속한다(행 2:38). 여러 중요한 측면에서 우리의 구속이 일어나는 순서를 놓고 일부 논쟁이 있다. 과연 우리는 믿기 이전에, 믿는 순간에, 또는 세례를 받을 때 성령을 받는가? 본문에 따라 이 순서가 서로 다른 것을 보면 신약성경은 그 순서를 명시하지도, 크게 상관하지도 않는 것처럼 보인다. 따라서 우리는 세례가 성령 받음, 회개, 믿음, 고백 등으로 이루어진 매우 복합적인 사건이라는 결론에 도달한다.[5] 이러한 논쟁 외에도 우리는 예수가 "물과 성령"

5 James D. G. Dunn, *Baptism in the Holy Spirit: A Re-Examination of the New Testament Teaching on the Gift of the Holy Spirit in Relation to Pentecostalism Today* (Philadelphia: Westminster, 1970); Dunn, *Beginning from Jerusalem*, Christianity in the Making 2 (Grand Rapids: Eerdmans, 2009; 『초기 교회의 기원』, 새물결플러스 역간), 185-89, 649-52; Ben Witherington III, *Troubled Waters: The Real New Theology of Baptism* (Waco: Baylor University Press, 2007). Dunn의 주장(우리는 믿을 때, 그리고 그리스도와의 관계 속으로 들어갈 때 성령을 받는 것이지, 그러한 경험 이후에 받지 않는다는 주장) 이후의 논쟁에서 대안적인 은사주의적 해석은 다음의 책에서 발견된다. William P. Atkinson, *Baptism in the Spirit: Luke-Acts and the Dunn Debate* (Eugene, OR: Wipf & Stock, 2011). Atkinson의 이러한 연구를 내게 일러준 애즈버리 신학교 박사 과정 학생

으로 거듭나야 한다는 사실을 니고데모에게 말씀하셨을 때 그가 친히 성령과 세례를 서로 연관 지었음을 잊지 말아야 한다(요 3:5). 따라서 성령 받음과 세례는 서로 연결되어 있다.

성공회의 세례식으로 잠시 다시 돌아오자. 성공회 세례식 예배에는 사제가 "성유" 혹은 성별된 기름을 바르는 시간이 있다. 즉 세례를 받는 사람에게 기름을 바르는 것이다. 이 기름은 성령의 선물을 구현하고 재현하며 상징한다. 기독교에는 도유 의식(chrismation)이라는 오랜 역사가 있다. 기름을 바르는 의식과 세례식에서 어떤 일이 일어나며 어떤 순서로 일어나는지, 그리고 이와 관련된 다른 주제에 관해 다양한 논쟁이 존재함에도 불구하고, 일단 이 역사에 대해 알게 되면 우리는 기독교의 많은 세례식에서 기름을 바르는 의식이 사라졌다는 사실 때문에 실망할 필요가 없어진다. 어떤 교단에서는 피세례자의 이마에 **물로** 십자가를 표시함으로써 물 세례와 도유 의식을 하나로 결합한다. 하지만 도유 의식이 강조하는 것은 우리가 이미 성경의 세례 관련 본문에서 살펴본 바와 같이 성령께서 세례 의식에 관여하신다는 것이다.[6] 우리 중 많은 이가 동료 신자들에게 "기름을 다시 가져오십시오!"라고 말한다. 도유 의식을 행하는 이들은 사실 "성령을 모셔오십시오!"라고

Tom Lyons에게 감사한다.

6 이에 관한 논의는 다음을 보라. Robin M. Jensen, *Baptismal Imagery in Early Christianity: Ritual, Visual, and Theological Dimensions* (Grand Rapids: Baker Academic, 2012), 94-115.

말하는 것이다. 과연 우리는 기름을 바르는 것이 우리가 "메시아를 따르는" 자들이라고 말하는 한 가지 방법임을 알고 있는가? 다시 말하면 "그리스도" 혹은 "메시아"라는 용어가 기름 부음 받은 자라는 의미이므로 기름을 바를 때 우리 또한 작은 그리스도 또는 작은 메시아가 되는 것이다.

이제 바울은 매우 중요한 사실 하나를 덧붙인다. "우리가 유대인이나 헬라인이나 종이나 자유인이나 다 한 성령으로 세례를 받아 한 몸이 되었고 또 다 한 성령을 마시게 하셨느니라"(고전 12:13). 다시 한 번 강조하지만 물 세례와 성령은 바울의 생각 속에서 서로 밀접하게 연결되어 있다. 그 순서는 분명치 않을 수 있지만, 그 연관성은 확실하다. 우리가 세례를 받을 때 성령은 우리에게 임하신다. 그렇다면 이러한 사실은 다음과 같은 결론을 도출하게 한다. 물 세례와 성령은 우리를 하나님의 가족인 교회로 인도한다.[7] 결과적으로 우리는 맨 처음으로, 즉 세례 의식과 가족과 교회의 연관성으로 다시 되돌아온다. 디트리히 본회퍼는 세례에 관한 에세이에서 이것을 보다 더 학문적으로 표현한다. "세례는 인간이 말세를 사는 교회 공동체로 완전히 옮겨지는 것이며, 그리스도가 제정한 육체적 행동을 통해 그리스도의 몸과 하

---

7 Anthony R. Cross, "Spirit- and Water-Baptism in 1 Corinthians 12.13," in *Dimensions of Baptism: Biblical and Theological Studies*, ed. Stanley Porter and Anthony R. Cross, Journal for the Study of the New Testament 234 (London: Sheffield Academic, 2002), 120-48.

나가 되는 것이다."[8] 이와 같이 교회로 옮겨지는 행위는 성령의 능력을 통해 성취된다.

너무도 많은 기독교 교단이나 단체에서 세례가 성령의 선물과 근본적으로 분리 되어 있는 것은 매우 안타까운 일이다. 불행하게도 이러한 분리된 상태로 인해 그리스도인들은 예수의 모형적 세례로 시작한 성경의 가르침으로부터 크게 벗어나고 있다. 우리가 도유 의식을 믿든지 안 믿든지 간에 세례를 통해 주어지는 성령의 약속은 반드시 강조되어야 한다. 이 사실을 도유 의식보다 더 잘 전달할 수 있는 방법이 또 어디에 있을까?

세례는 죄 사함과 구속을 가져다준다

우리의 세 번째 주제는 우리 가운데 많은 이들의 혈압을 오르게 할 수 있다. 나의 혈압도 한 번 올린 적이 있음을 나는 고백한다. 성공회 신자들은 개신교 신앙을 약간 (혹은 좀 더) 개혁주의적으로 이해하는 개신교 신자들이다. 이는 복음주의적 성향의 성공회 신자들은 "솔라"(*sola*, 우리 신앙에서 "오직"이라는 라틴어 수식어를 동반하는 요소들) 신앙에 전적으로 의지한다는 것을 의미한다. 우리 리디머교회에서 함께 예배드리는 나

---

8 Dietrich Bonhoeffer, "A Theological Position Paper on the Question of Baptism," in *Conspiracy and Imprisonment, 1940-1945*, ed. Mark S. Brocker, trans. Lisa F. Dahill, Dietrich Bonhoeffer Works 16 (Minneapolis: Fortress, 2006), 556.

의 동료 케빈 밴후저(Kevin Vanhoozer)는 최근에 출간된 중요한 연구서에서 다섯 가지 "솔라"들—오직 은혜, 오직 믿음, 오직 성경, 오직 예수, 오직 하나님께 영광—를 개별적으로 다루었다.[9] 따라서 우리의 세 번째 주제가 세례를 죄 사함 및 구속과 연관 지을 경우 성공회의 전통은 이 문제를 분명히 할 것을 우리에게 요구한다. 만약 구원이 "오직 은혜"로 주어진다면 우리는 우리가 세례를 죄 사함과 연관 지을 때(특히 우리가 유아 세례에 관해 논할 때) 은혜를 침해하지 않도록 노력할 필요가 있다.

세례는 교회의 행사이며, 교회가 피세례자를 중심으로 함께 모일 때 구속과 믿음에 대한 약속이 공표된다. 만약 성경에 기록된 세례 관련 본문에 관해 분명한 것이 한 가지 있다면 그것은 이 본문들이 종종 세례를 죄 사함과 연관 짓는다는 점이다. "오직 성경"이란 슬로건은 이러한 연관성을 강조한다. 성경에 근거한 참된 신앙은 세례를 구속과 연결한다. 나는 이 사실을 명확히 해두기 위해 이 본문들을 인용할 것인데, 다시 한번 이 본문들을 자세히 읽어보기 바란다.

> 베드로가 이르되 "너희가 회개하여 각각 예수 그리스도의 이름으로 세례를 받고 **죄사함을 받으라 그리하면 성령의 선물을 받으리니**"(행 2:38).

9 Kevin J. Vanhoozer, *Biblical Authority after Babel: Retrieving the* Solas *in the Spirit of Mere Protestant Christianity* (Grand Rapids: Brazos, 2016).

“이제는 왜 주저하느냐? 일어나 주의 이름을 불러 세례를 받고 너의 **죄를 씻으라**” 하더라(행 22:16).

누구든지 그리스도와 합하기 위하여 세례를 받은 자는 **그리스도로 옷 입었느니라**(갈 3:27).

너희 중에 이와 같은 자들이 있더니 주 예수 그리스도의 이름과 우리 하나님의 성령 안에서 **씻음과 거룩함과 의롭다하심을 받았느니라**(고전 6:11).

그러므로 우리가 그의 죽으심과 합하여 세례를 받음으로 그와 함께 장사되었나니, 이는 아버지의 영광으로 말미암아 그리스도를 죽은 자 가운데서 살리심과 같이 우리로 또한 새 생명 가운데서 행하게 하려 함이라. 만일 우리가 그의 죽으심과 같은 모양으로 연합한 자가 되었으면 또한 그의 부활과 같은 모양으로 연합한 자도 되리라. 우리가 알거니와 우리의 옛사람이 예수와 함께 십자가에 못 박힌 것은 죄의 몸이 죽어 다시는 우리가 죄에게 종노릇 하지 아니하려 함이니(롬 6:4-6).

우리를 구원하시되 우리가 행한 바 의로운 행위로 말미암지 아니하고 오직 그의 긍휼하심을 따라 **중생의 씻음과 성령의 새롭게 하심으로 하셨나니**(딛 3:5).

> 우리가 마음에 뿌림을 받아 악한 양심으로부터 벗어나고 몸은 맑은 물로 씻음을 받았으니 참 마음과 온전한 믿음으로 하나님께 나아가자(히 10:22).

> 물은 예수 그리스도께서 부활하심으로 말미암아 **이제 너희를 구원하는 표니 곧 세례라.** 이는 육체의 더러운 것을 제하여 버림이 아니요 하나님을 향한 선한 양심의 간구니라(벧전 3:21).

세례가 구원과 아주 밀접하게 연관되어 있거나 또는 구원이 세례와 아주 밀접하게 연관되어 있다는 점에서 우리 가운데 어떤 이들은 다소 불편함을 호소할 수도 있다. 또한 주님께 헌신한 개신교 신자로서 나는 성경을 너무 편하게 생각하는 태도에 경종을 울릴 필요가 있다는 사실을 덧붙이고 싶다. 왜냐하면 하나님은 항상 현대 교회를 향해 새롭고 신선한 말씀을 주시길 원하기 때문이다. 하나님은 우리를 불편하게 만드는 이 본문들을 우리가 진리로 받아들이길 원하신다. 세례와 구속은 밀접하게 연관되어 있다. 우리는 이 본문에서 다시 한번 세례가 바로 하나님이 행하시는 일이라는 사실을 발견한다. 이 구절들을 뒤로부터 거꾸로 읽어도 우리는 여전히 동일한 메시지를 듣는다. 우리가 결코 할 수 없는 것은 바로 이 구절들을 회피하거나 무시하거나 또는 다른 의미로 해석하는 것이다.

표징, 인, 상징, 성례, 씨앗

우리가 여기서 다룬 세 가지 주제—그리스도와의 연합, 성령과 입교, 구속—가운데 가장 신중하게 다루어져야 할 주제는 구속이며, 그동안 여러 교단들과 신학자들과 신조들은 이 주제를 여러 중요한 용어를 통해 설명해왔다. 교회의 위대한 사상가들은 우리의 구속을 위해 세례식에서 어떤 일이 일어나는지를 설명하기 위해 표징, 인, 상징, 성례, 씨앗 등 다섯 가지 용어를 사용했다.

세례를 하나의 **표징**이라고 부르는 것은 세례를 성경에 기록된 거대한 이야기에서 등장하는 할례와 연결시키는 것이다. 창세기 17:10-11은 "너희 중 남자는 다 할례를 받으라. 이것이 나와 너희와 너희 후손 사이에 지킬 내 언약이니라. 너희는 포피를 베어라. 이것이 나와 너희 사이의 언약의 **표징**이니라"라고 말한다. 성공회의 「39개 신앙 조항」은 표징을 "차이를 나타내는 표시"로 정의하며, 표징으로서의 세례는 우리에게 그리스도의 세례—그의 죽음, 장사, 부활—를 가리킨다. 이와 같이 유아 세례도 우리에게 세례 행위 자체에서 드러나는 그리스도를 가리킨다.

또한 세례는 하나의 **인**이며, 이는 우리를 아브라함과 연결시킨다. 사도 바울은 우리에게 아브라함이 "할례의 표를 받은 것은 무할례시에 믿음으로 된 의를 **인**친 것이니"(롬 4:11)라고 말한다. 인으로서의 세례에 관해 말하자면 세례는 믿음을 완성하고 하나님과 가족과 교회가 피세례자를 인정한다는 의미에서 인을 치는 것이다. 세례는 우리를 향한 하나님의 은혜와 사랑을 보여주는 가시적인 언어다. 인을 친다는 의미에서 세례는 어린이를 향한 하나님의 구속적인 사랑을 확증한다. 믿음의 여정을 시작하여 입교를 통해 정식 그리스도인이 된 어린이는 그가 의식적으로 믿음을 고백하고 그 세례가 의미하는 믿음 안으로 들어갈 때 비로소 그 여정에 인 치심을 받는다.

또한 세례는 하나의 **상징**이며, 이는 무언가를 상징하고 가리키고 설명한다. 과연 그 무언가란 무엇일까? 그것은 바로 하나님의 은혜, 하나님의 사랑, 우리를 향한 하나님의 구속적 언약이다. 어떤 이들은 세례를 하나의 상징(에 지나지 않는 것)으로 제한하지만, 우리는 세례가 상징일 뿐만 아니라 구속의 표징, 인, 성례, 씨앗이기도 하다는 사실을 믿는다.

세례는 하나의 **성례**다. 성례란 무엇인가? 이 용어는 무언가 거룩한 것을 가리키지만, 그 의미는 그것보다 훨씬 더 광범위하다. 성례는 우리에게 하나님을 가리키는 창조된 물질(물, 떡, 포도주)과 말을 통해 행해지는 하나의 의식이며, 이 과정을 통해 성례는 우리에게 은혜의 수단이 된다. 「39개 신앙 조항」이 정의하듯이 "그리스도께서 제정하신 성례는 그리스도인의 신앙고백의 증표 혹은 표시일 뿐만 아니라 확실한 증거이며, 우리를 향한 하나님의 은혜와 선하신 뜻을 드러내는 효력 있는 징표이며, 하나님은 이를 통해 우리 안에서 보이지 않는 가운데 일하시며 그 안에서 우리의 믿음을 활기차게 만드실 뿐만 아니라 견고하게 하시고 확실하게 만드신다."[10] 「공동 기도서」에 들어 있는 교리문답은 "성례"를 다음과 같이 정의한다.[11]

> 문: 성례란 무엇입니까?
>
> 답: 성례는 그리스도께서 이를 통해 우리가 은혜를 받을 수 있도록 우리에게 주신 확실한 수단이며, 내적이며 영적인 은혜에 대한 외적이며 가시적인 징표입니다.

나쇼타 하우스(Nashotah House)라는 성공회 신학교의 신약학 교수인 가우드 앤더슨(Garwood Anderson)은 자주 인용되는 성례 정의 방법 하나를 나에게 상기시켜 주었다. 그것은 바로 그것이 상징하는 것에 영향을 미치는 표징이다.

물 세례와 그리스도와의 연합과 성령 받음과 입교와 죄 사함은 모두 영적으로 연결되어 있다. 즉 우리가 세례를 하나의 성례라고 말할 때 우리는 올바르게 거행된 세례는 피세례자를 향한 하나님의 은혜의 통로임을 선언하는 것이다. "성례"라는 용어는 우리가 세례를 표징, 인, 씨앗이라고 말할 때 가장 잘 정의된다. 따라서 우리는 세례받는 어린 아이에게 진정으로 그리고 구속적으로 무언가가 일어난다는 것을 믿

10 Article 25, *Book of Common Prayer*, 872.

11 *Book of Common Prayer*, 857.

는다. 그 어린아이는 그리스도, 성령, 믿음, 교회, 그리고 구속 안으로 들어간다. 우리가 "무언가"가 일어난다고 말할 때 그 "무언가"는 "씨앗"으로 정의하는 것이 가장 적절해 보인다.

세례는 **씨앗**이다. 즉 세례는 언약에 기초한 가족과 교회라는 정황에서 그 어린아이에게 심긴 하나님의 구속적 사랑과 은혜의 씨앗이다. 우리가 이미 설명한 바와 같이 회심은 그 아이가 세례를 받으면서 시작되는 여정인데, 세례를 받을 때 씨앗이 심기며, 그 씨앗은 계속 자라날 것이다. 그렇다면 유아세례는 은혜의 씨앗이며, 성령과 믿음과 공개적인 신앙고백과 제자도의 씨앗이다. 성공회 신부이자 설교가인 마이클 그린은 세례도 씨앗이기 때문에 물과 햇볕이 필요하다는 점을 다음과 같이 적절하게 지적한다. "세례는 하나님이 주신 새로운 삶에 대한 서약이다. 하지만 세례는 씨앗과 같아서 오직 회개라는 물과 믿음이라는 햇볕을 만날 때 싹이 난다."[12]

이 다섯 가지 용어 앞, 뒤, 옆, 아래에는 또 다른 것이 있다. 즉 세례는 세례 집전자(신부, 목사, 부제), 가족, 교회 회중이 참석한 가운데 거행되는 **하나의 행위, 행사, 물리적 의식, 또는 물로 행하는 의식**이다. 우리는 세례식을 거행할 때마다 하나님이 우리와 맺은 언약을 이행하고 구현하며 삶으로 살아낸다. 세례에 대한 두 가지 명쾌한 정의가 라스 하

---

12 Michael Green, *Baptism: Its Purpose, Practice, and Power* (Downers Grove, IL: InterVarsity, 1987), 56.

트만과 리처드 프랫의 글에서 발견된다. 세례에 관한 학술서를 집필한 하트만은 세례를 "하나님의 행위를 중재하고 성령의 은사를 전하는 이 땅에서 일어나는 구체적인 사건"으로 정의한다.[13] 구약학 교수인 프랫은 개혁교회를 위해 세례라는 성례를 설명하면서 "개혁신학은 세례를 물리적 요소와 특별한 성례를 수반하는 의식을 통해 실현되는 하나님과의 신비스러운 만남으로 본다"라고 말한다.[14] 이 두 정의에서 한 가지 요소가 결여되어 있는데, 그것이 바로 교회 안에 있는 가족이다. 이제 나는 내가 세례에 대해 내리는 정의를 제시하고자 한다. 세례는 물로 행하는 물리적 행위(또는 의식)로서, 하나님은 세례를 통해 (피세례자를 영적으로 양육하겠다고 서약하는 가족 중심적 교회 공동체 안에서) 피세례자에게 수많은 은혜의 복을 부어주신다. 교회사가이자 목사인 칼 트루먼은 다음과 같이 말하면서 세례는 하나님이 하시는 일이지, 우리가 하는 일이 아님을 다시 한번 우리에게 상기시켜준다. "세례는 무엇보다도 하나님이 하시는 일임을 분명히 해야 한다. 세례의 주체는 물을 뿌리고 성삼위 하나님을 언급하는 사제나 목사가 아니라 바로 하나님이시다."[15] 다시 한번 말하지만, 세례는 오직 하나님만이 하실 수 있는 것

---

13 Lars Hartman, *"Into the Name of Jesus": Baptism in the Early Church*, Studies of the New Testament and Its World (Edinburgh: T&T Clark, 1997), 168.

14 Richard Pratt Jr., "Reformed View: Baptism as a Sacrament of the Covenant," in *Understanding Four Views on Baptism*, ed. John H. Armstrong (Grand Rapids: Zondervan, 2007), 59.

15 Carl R. Trueman, *Grace Alone—Salvation as a Gift of God: What the Reformers Taught ...*

을 하나님이 행하시는 것이다. 과연 우리는 우리의 행위 또는 우리의 믿음에 초점을 맞출 것인가, 아니면 하나님께서 그리스도 안에서 우리에게 행하신 일에 초점을 맞출 것인가?

내가 앞에서 제시한 세례에 대한 나의 정의는 유아 세례에도 동일하게 적용될 수 있는 여지를 남겨두지만, 우리는 과연 성경이 유아 세례에 대한 근거를 제공하는지 질문을 던질 필요가 있다. 당신은 우리가 세례가 의미하는 바가 무엇이며, 왜 유아들이 세례받아야 하는지를 검토하기 위해 앞에서 두 장에 걸쳐 세례 예배에 관한 논의를 중단한 바 있음을 기억할 것이다. 우리는 5장이 끝나는 대로 세례 예배에 관한 논의를 재개할 것이다. 하지만 어쩌면 어떤 이들에게는 다음 장이 이 책에서 가장 중요하면서도 난해한 내용이 될지도 모른다.

---

and Why It Still Matters (Grand Rapids: Zondervan, 2017), 197. 가장 큰 차이점은 **누구에게 세례를 주어야 하느냐**(유아 혹은 믿음을 고백하는 성인)가 아니라 **세례에 있어 누구에게 가장 큰 책임이 있느냐**(하나님 혹은 믿음으로 반응하는 인간)라는 그의 주장은 옳다. 참조. 204-7.

제5장

성경과
유아 세례

일단 우리의 기억을 되살리기 위해 앞에서 전개한 논의로 되돌아가 보자. 아브라함과 맺은 언약은 그의 **가정**이 그 중심이 되었다. 왜냐하면 고대 이스라엘에서는 가정이 모든 "종교적인" 삶의 중심을 차지하고 있었기 때문이다. 단지 아브라함만 할례를 받은 것이 아니었다. 아브라함의 아들도 할례를 받았다. 그리스-로마의 모든 종교와 마찬가지로 고대 이스라엘에서도 종교는 자신이 스스로 선택하는 것이 아니었다. 종교는 오히려 물려받는 것이었다. 종교는 문화, 교육, 가정의 전통을 통해 자녀에게 전해내려가는 것이었다. 그 가정 주변에는 한 공동체와 한 부족이 거주하는 지역, 그리고 한 민족이 있었다. 따라서 할례는 아버지가 단독으로 아들에게 행하는 행위가 결코 아니었다. 할례는 아버지 자신과 가정과 공동체와 민족이라는 정황 속에서 아버지가 아들에게 행하는 것이었다. 그 아들은 그 가정의 일원이 될 뿐만 아니라 민족 전체를 위해 일할 수 있는 잠재적 일꾼이었다. 그 날카로운 칼은 그 어린이가 그 공동체의 일원이 되는 것을 승인해주었다. 그 당시 하나님과 조상 아브라함이 맺은 언약은 고대 세계에서 흔히 볼 수 있는 것이었으며, 하나님이 이스라엘과 함께 일하시는 방식에 있어서도 핵심적인 역할을 했다. 따라서 하나님과 아브라함 간의 언약은 그의 가정 전체에 유효했을 뿐만 아니라 이스라엘의 후대 역사에서도 마찬가지였다. 유대교 안에서 자라난 어린이들은 유대교에 입교하는 것을 스스로 선택하지 않았다. 그들은 태어난 날부터 이미 유대교에 속하게 된 것이다. 그렇다면 유대교는 이스라엘의 하나님이신 야웨와 맺은 **가정** 중심의 언약에 기초한 종교(신앙)였다. 신약성경은 집안 **전체**가 다 세례를 받았다는 사실을 분명히 한다.

우리는 이제 "집안"이라는 단어와 더불어 왜 유아 세례가 필요한지 그 첫 번째 이유를 살펴보고자 한다. "집안"이라는 단어는 처음부터 포괄적인 의미를 담고 있었는데, 우리는 신약성경에서 처음으로 온 집안이 **세례**를 받았다는 기사를 접한다.[1] 온 집안이 받는 세례에 관하여

---

1 세례에 관한 논쟁 가운데 가장 탁월한 논쟁은 두 세대 전에 두 명의 독일인 사이에서 벌어졌는데, 한 명은 루터교 신자였고, 다른 한 명은 침례교 신자였다. 참조. Joachim Jeremias, *Infant Baptism in the First Four Centuries*, trans. D. Cairns (London: SCM, 1960); Kurt Aland, *Did the Early Church Baptize Infants?*, trans. George R. Beasley-Murray (London: SCM, 1963); Joachim Jeremias, *The Origins of Infant Baptism: A Further Study in Reply to Kurt Aland*, trans. Dorothea M. Barton, Studies in Historical Theology 1 (London: SCM, 1963). 가정 세례에 관해서는 다음을 보라. Jeremias, *Origins*, 12-32; Ben Witherington III, *Troubled Waters: The Real New Theology of Baptism* (Waco: Baylor University Press, 2007), 59-68; Daniel R. Hyde, *Jesus Loves the Little Children: Why We Baptize Children* (Grandville, MI: Reformed Fellowship, 2012), 43-46. Everett Ferguson은 이와 반대되는 결론을 내렸다. 즉 저자가 여자를 언급하는 기사에서 어린이에 대한 언급이 없다는 것(행 5:14; 8:12)은 그들이 가정 세례를 받은 사람 중에 속하지 않았음을 가리킨다는 것이다. 참조. Ferguson, *Baptism in the Early Church: History, Theology, and Liturgy in the First Five Centuries* (Grand Rapids: Eerdmans, 2009), 185. 가정 세례/회심이 유아 세례를 포함하고 있다는 것에 찬성하는 주장을 충분히 검토한 후 이에 대해 반론을 제기한 다음의 글도 보라. George R. Beasley-Murray, *Baptism in the New Testament* (Grand Rapids: Eerdmans, 1962), 312-20.

가정을 새로운 문화와 영적 중심으로 재배치한 가정 세례의 혁명적인 성격을 강력하게 보여주는 글로는 다음을 보라. J. B. Green, "'She and Her Household Were Baptized' (Acts 16.15): Household Baptism in the Acts of the Apostles," in *Dimensions of Baptism: Biblical and Theological Studies*, ed. Stanley Porter and Anthony R. Cross,

우리가 가장 먼저 던질 수 있는 중요한 질문은 바로 이것이다. 정확하게 집안이란 어떤 것이었는가? 집안은 집 자체를 의미하는가? 집안은 아버지만을 가리키는가? 아니면 아버지와 어머니를 가리키는가? 혹은 아버지와 그 집안에서 신앙을 가질 만한 나이가 된 이들과 이미 믿고 회개한 이들을 모두 의미하는가? 아니면 노예와 하인과 친척과 부양가족을 포함한 그 집에 속한 모든 사람을 의미하는가? 고대 세계에 관해 잘 아는 사람에게 이러한 질문을 던지면 아마도 다음과 답을 듣게 될 것이다. 한 집안은 아버지와 그의 아내와 그의 자녀, 아버지 또는 어머니의 형제자매, 아버지 또는 어머니의 부모, 조부모와 친척들 및 가정에서 일하는 노예와 심지어 집이 없어서 그 집에 얹혀 살고 있는 사람들을 모두 포함한다. 물론 그 집안에 있는 모든 사람이 같은 지위와 권한을 행사하지는 않지만, 한 집안이라는 표현에는 그 집안에 있는 모든 사람이 포함된다는 점은 아무리 강조해도 지나치지 않다![2] (나는 이 점에 관해 아래에서 논의할 것이다.)

Journal for the Study of the New Testament 234 (London: Sheffield Academic, 2002), 72-90. 그의 결론은 다음과 같다. "가정 세례는 집안을 하나님의 백성을 위한 새로운 문화의 중심으로 확실히 받아들일 것을 요구하는데, 이것은 그 안에서 예수가 만유의 주님이시며, 사회-민족적인 경계를 넘어선 환대를 나누고, 제국을 정의하는 계급의 경계가 없어진 세계 질서가 구현되고 확산된 사회 질서의 활동적인 중심이 되는 것을 의미한다"(90).

2 (폼페이에서) 1세기 가정을 실제로 구성하는 것이 무엇인지를 보여주는 탁월한 연구는 다음과 같다. Peter Oakes, *Reading Romans in Pompeii: Paul's Letter at Ground Level* (Minneapolis: Fortress, 2009).

따라서 한 집안에 세례를 준다는 것은 대부분의 경우 **아버지 혹은 어머니**, 즉 새 언약의 일원에게 세례를 주는 것 그 이상을 의미한다. 한 집안에 세례를 준다는 것은 그 집안에 있는 모든 사람에게 세례를 주는 것이다. 여기서 모든 사람은 그 일부가 아니라 모든 사람을 의미한다. 또한 우리는 초기 교회에서 한 집안이 세례받는 경우를 묘사할 때 **단지 한 사람이 세례를 받거나 오직** (성인) **신자만이 세례를 받을 경우**에는 그것을 한 "집안"이 세례를 받았다고 말하지 않는다는 점을 필히 강조할 필요가 있다. 이런 경우 초기 그리스도인들은 "그와 그 집안에서 믿은 자들이 세례를 받았다"라고 말했을 것이다. 그러나 성경은 그렇게 말하지 않는다. 우리는 성경이 어떻게 말하고 있는지 귀담아들어야 한다. 애초부터 언약에 기초한 가정 신학에 기반을 둔 성경 자체도 사실은 "집안"이라는 용어를 사용하며, 우리로 하여금 처음 믿은 사람의 믿음이 나머지 집안 사람들도 세례를 받기에 합당하다고 생각하도록 유도한다. 왜 그럴까? 그 이유는 바로 가정이 이 세상에서 행하시는 하나님의 사역의 중심이기 때문이다.

언약과 가정으로의 회귀: 가정 세례

신약성경에 세례와 집안을 서로 연결하는 본문들이 있다고 이미 말했으므로 이제 우리는 이 본문들을 자세히 살펴보고 또 주의 깊게 읽어야 한다. 첫 번째 본문은 가정 세례 연구자들이 흔히 인용하는 본문이긴 하지만, 다른 일부 본문과 같이 과연 가정 세례 사례를 뒷받침해주는지는 명확하지 않다. 사실 베드로는 지금 여기서 고넬료에게 말씀을 전하고 있었는데, 세례를 줄 때는 갑자기 복수형인 "그들에게"와 "그들이"를 사용하기 시작한다.

> 이에 베드로가 이르되 이 사람들이[**그들이**] 우리와 같이 성령을 받았으니 누가 능히 물로 [**그들에게**] 세례 베풂을 금하리요 하고 명하여 "예수 그리스도의 이름으로 [**그들에게**] 세례를 베풀라" 하니라. **그들이** 베드로에게 며칠 더 머물기를 청하니라(행 10:47-48).

어떤 이들은 주어를 고넬료에서 "그들"로 전환한 것이 고넬료 혼자만이 아닌 온 집안이 다 세례를 받은 것을 가리킨다고 주장한다. 하지만 사도행전의 다른 가정 세례 사례들은 이 견해를 지지해줄 만한 충분한 근거를 갖고 있다. 따라서 우리는 가정 세례에 대한 가장 명확한 예들을 살펴보고자 한다.

> 그와 **그 집이** 다 세례를 받고 우리에게 청하여 이르되 "만일 나를 주 믿는 자로 알거든 내 집에 들어와 유하라" 하고 강권하여 머물게 하니라(행 16:15).

> 그들을 데리고 나가 이르되 "선생들이여! 내가 어떻게 하여야 구원을 받

으리이까?" 하거늘 이르되 "주 예수를 믿으라. 그리하면 **너와 네 집이** 구원을 받으리라" 하고(행 16:30-31).

내가 또한 **스데바나 집 사람**에게 세례를 베풀었고 그 외에는 다른 누구에게 세례를 베풀었는지 알지 못하노라(고전 1:16).

마지막 사례는 집안에 있는 다른 사람들도 믿었다는 점을 강조한다.

또 회당장 그리스보가 **온 집안과 더불어 주를 믿으며** 수많은 고린도 사람도 듣고 믿어 세례를 받더라(행 18:8).

그런데 여기서 분명히 강조해야 할 점이 있다. 이렇게 많은 가정이 세례를 받으면서 그 집안에 어린이나 유아가 전혀 없었다는 것은 거의 불가능에 가깝다(나는 거의 불가능하다고 생각한다). 어린이와 유아가 빠져 있다고 보기에는 가정의 규모가 너무나도 크다.[3] 더욱이 신약성경은 어떤 특정 개인—그리스보, 스데바나, 그리고 다른 이들—뿐만 아니라 그 온 집안이 세례를 받았다고 **명시적으로** 말한다.[4] 한 집안의 가장은 그 가장의 신앙과 종교에 참여하는 가족 전체를 대표한다.

---

3 또한 Oakes, *Reading Romans*도 보라.

4 이러한 본문들이 밝히 보여주듯이 나는 다음과 같은 침례교 성인 세례 옹호자들의 주

신약성경의 세계에서 이것은 전혀 특이한 것이 아니었다. 하지만 일부 학자들은 가족과 아버지에 기초한 고대 종교의 특성을 잘 인식하지 못했다. 로마 세계에서는 초기 교회의 문화를 포함하여 부모, 특히 아버지의 종교 혹은 신앙에 가정 전체가 모두 포함되는 것이 매우 일반적인 일이었다. 로마 제국에서 한 어린이의 종교는 십 대에 내린 그 어린이의 선택에 의해서가 아닌 그 가족에 의해 결정된다. 종교와 국가와 가족은 서로 구별하기 어려웠다. 드물게라도 어떤 부모가 다른 종교를 선택할 경우에 그 부모는 그 나머지 가족, 특히 그 자녀들을 자신이 새롭게 선택한 종교로 이끌 수밖에 없었다. 아마도 스데바나가 자기 자녀들도 세례를 받게 했다는 사실에 놀랄 사람은 아무도 없을 것이다. 스데바나가 자녀들과 아내와 온 집안이 세례받는 것을 원치 **않았다면** 오히려 그것이 더욱 놀랄 일이었을 것이다! 이것은 단지 로마 제국의 관습만이 아니라 전적으로 유대인의 관습이기도 했다. 재차 강조하자면 부모는 난 지 팔 일 만에 남자아이들에게 할례를 행하였으며, 그 할례는 그 어린이가 언약과 가족과 공동체와 국가의 일원이 되는 길이었다. 어떤 이방인이 유대교로 개종할 때 그 이방인은 종종 자기 집안

장에 오류가 있음을 말하지 않을 수 없다: "세례에 관한 신약성경의 모든 지시 혹은 명령과 신약성경에서 우리가 보는 세례에 대한 명확한 사례는 죄를 회개한 사람들(요한의 세례)과 그리스도를 믿은 사람들(오순절 이후의 세례)이 받은 세례를 서로 연관시킨다." Bruce Ware, "Believers' Baptism View," in Sinclair B. Ferguson, Bruce A. Ware, and Anthony N. S. Lane, *Baptism: Three Views*, ed. David F. Wright (Downers Grove, IL: IVP Academic, 2009), 23.

의 다른 남자들도 할례를 받게 했다. 따라서 모든 유대인은 부모의 언약 관계에 따라 그 언약에 참여할 자격을 얻었다. 유대교로 개종한 사람은 모두 할례를 비롯하여 거의 확실히 "첫 번째 유월절"("첫 번째 성찬"이라는 표현에 빗대어)을 포함한 과정을 거쳐 언약 관계에 들어갔을 것이다. 세례는 가족의 중심부에 위치해야 하며, 일단 그렇게 되고 나면 세례는 가정 세례가 되는 것이다.

이것도 초기 교회의 정황에 비추어 살펴보아야 한다. 전통적으로 히폴리투스의 작품으로 간주되는 「사도 전승」(*Apostolic Tradition*)은 초기 교회에서 내려오는 전승도 반영하기 때문에 정확한 연대를 추정하기는 어렵지만, 2세기 혹은 3세기 작품으로 보는 것이 현명하다. 이 초기 기독교 전승은 초기 교회가 아직 자신의 의사를 밝힐 수 없는 어린이들에게 세례를 베풀었음을 일러준다.[5] 우선 우리는 부활절 예배와 깨끗한 물에 대한 구체적인 설명에 관해 들을 수 있다.

> 새벽닭이 우는 시간에 그들은 먼저 물을 위하여 기도해야 한다. 그들이 물로 나올 때 그 물은 깨끗하고 흐르는 물, 즉 샘물 또는 흐르는 물이어야 한다.

기름을 바르는 관행은 이미 오래전에 폐지되었으며, 당대의 유대교 개

---

5 다음은 Hippolytus, *Apostolic Tradition* 21.1-5에서 발췌한 것이다.

종자 세례와 로마의 목욕탕에서 행해졌던 전형적인 기름 부음과 씻음과 같이 세례는 온몸이 정결해질 수 있도록 벌거벗은 상태에서 거행되었다.[6] 따라서 자연히 세례식은 주교나 사제가 주도했으며, 나체가 허용되는 사람들끼리(남자아이들은 성인 남자들과, 여자아이들은 성인 여자들과, 여자들은 여자들과, 그리고 남자들은 남자들과) 또는 개인적으로 거행되었다.

이어서 그들은 자신들의 옷을 모두 벗어야 했다.

오늘날 많은 이들은 신약성경의 옷을 벗는 이미지(엡 4:22, 24; 골 3:8-10; 벧전 2:1 등에서 발견된다. 또한 벧전 3:21도 보라)가 옷을 벗은 다음에 거행되는 세례식 이후에 흰 옷을 입는 초기 기독교의 관행을 반영하는 것으로 본다. 따라서 우리가 신약성경에서 옷을 벗고 나서 다시 새 옷을 "입는" 것에 대한 언급을 발견하는 것은 전혀 놀라운 일이 아니다(롬 13:12, 14; 갈 3:27; 엡 6:11-17; 골 3:12; 벧전 4:1). 이와 같이 이전의 옷을 벗고 다시 새 옷을 입는 언어는 최초기 교회의 세례 관행을 반영한다고 볼 수 있다.[7]

---

6 이에 관한 초기 교회의 논의는 다음을 보라. Robin M. Jensen, *Baptismal Imagery in Early Christianity: Ritual, Visual, and Theological Dimensions* (Grand Rapids: Baker Academic, 2012), 167-72.

7 특히 몸 전체에 기름을 붓는 것에 관한 초기 교회의 증거는 다음을 보라. Jensen, *Baptismal Imagery*, 40-42.

피세례자는 세 그룹으로 나눌 수 있는데, 어린이와 남자와 여자의 순으로 진행된다. 어린이 그룹에는 의사 표현을 할 수 있는 아이들과 그렇지 못한 아이들이 포함된다. 후자의 경우에는 부모나 가족 중 다른 일원이 대신하여 의사를 표현하곤 했다.

> 어린이들이 먼저 세례를 받을 것이다. 스스로 답할 수 있는 어린이는 모두 스스로 답하도록 할 것이다. 만일 답할 수 없는 어린이가 있다면 부모나 가족 가운데 누군가가 답하도록 할 것이다.

그다음에는 남자들이 세례를 받는다.

> 마지막으로[남자들은 정숙함을 위해 세례 장소에서 나간 후] 여자들은 머리를 푼 다음 장신구를 제거했다. 물속으로 들어갈 때는 몸에 그 어떤 물건도 지녀서는 안 된다.[8]

물론 이것은 1세기의 모습이 아니며, 신약성경에 나타난 모습도 아니다. 이것은 초기 기독교에서 내려오는 전통이며, 유아에게 세례를 주는 것이 획기적인 일이거나 허용될 수 없는 것이라고 보았다는 흔

8 풍부한 상상력을 동원하여 초기 그리스도인들의 세례를 개작한 이야기는 다음을 보라. Martin E. Marty, *Baptism* (Philadelphia: Fortress, 1962), 4-5.

적은 전혀 없다. 오리게네스가 한 말을 기억할 필요가 있다. "교회는 심지어 유아에게까지 세례를 주는 전통을 **사도들로부터** 물려받았다"(*Commentary on Romans* 5.9. 강조는 덧붙여진 것임).[9] 오히려 이것은 이미 초기 교회에서 거행하던 관행이 전해내려온 것으로 보인다. 독자들도 잘 알다시피 본서는 세례식에 초점을 맞추어 집필되었고, 오늘날 유아 세례를 주는 교회는 모두 「사도 전승」에 근거를 둔 예전을 따른다.[10]

이제 가정 세례에 관한 신약성경 본문으로 되돌아가자. 비록 이 본문 가운데 하나인 사도행전 18:8이 "온 집안과 더불어 주를 믿으며"라고 말하고 있긴 하지만, 다른 본문에서는 집안의 믿음에 대한 암시를 거의 찾아볼 수 없다. 오히려 이 다른 본문들은 **가장**(*paterfamilias*)의 믿음이 나머지 가족으로 하여금 세례를 받게 했다는 사실을 침착하면서도 단호하게 언급하고 있다. 그렇다. 비록 유아 혹은 믿지 않는 아이에 대한 언급이 명시적으로 나타나 있진 않지만, "집안"이라는 단어는 아버지의 행위와 하나가 되었음을 암시할 뿐만 아니라 그 집안에 속한 모든 사람이 세례를 받았음을 의미하며, **이 집안에는 적어도 어린이나 유아가 한 명 정도는 있었을 것이 분명하다.** 다시 말하지만 만약 성경이 "오직 신자의 세례"만을 강조했다면 신약성경은 분명 이에 대해 명

---

9 나는 이 점에 대해 Ethan McCarthy에게 감사한다.

10 이러한 초기의 세례 예전은 이미 위에서 논의한 서약으로 이어지는데, 사도신경의 최초기 버전과 도유 의식, 목양 기도, 평화의 인사 나누기를 포함한다. 이어서 세례는 자연스럽게 성만찬으로 이어진다.

시적으로 언급했을 것이다. 성경이 온 "집안"이 세례를 받았다고 말하는 것은 한 사람의 믿음이 다른 이들의 세례를 확립한다는 것을 의미한다. 그렇지 않다면 이 단어를 특별히 사용했을 이유가 달리 없었을 것이다. 따라서 모든 것이 이 "집안"이라는 단어가 지닌 의미에 달려 있다고도 할 수 있다.

구약성경과 유대교 문헌에 나타난 "집안"에 대해 깊이 연구한 독일의 위대한 역사가 요아힘 예레미아스(Joachim Jeremias)는 다음과 같은 결론에 도달한다. "거기에 나타난 그림은 언제나 동일하다. '그와 그의 (온) 집안'이라는 어구는 가족 전체, 즉 일반적으로 남편과 아내와 자녀들을 의미한다. 비록 집안 전체를 가리킬 때 어린이들만을 언급할 수는 있지만, 그 어떤 경우에도 '집안'이라는 단어가 그 집안의 성인들만으로 국한된 적은 없다."[11]

신약성경 본문을 살펴보면 다음과 같은 두 가지 사실을 확인할 수 있다. (1) 구약성경과 마찬가지로 신약성경도 부모의 믿음이 그 자녀들을 그 믿음의 공동체에 속하게 한다고 믿는다. 구약성경에서는 할례를 통해 아들들이 그 믿음의 공동체에 들어오는 반면, 신약성경에서는 세례를 통해 아들들과 딸들이 그 공동체에 속하게 된다. (2) 역사적으로 볼 때 이렇게 많은 집안이 어린이나 유아 없이 세례를 받았을 리는 만무하다. J. I. 패커는 다음과 같이 정확하게 지적했다. "사도들과

11 Jeremias, *Origins*, 24.

다른 이들이 여러 가정에 세례를 주었을 때 그 어떤 가정에도 아주 어린 자녀가 없었다고 생각하는 것은, 전적으로 불가능한 핑곗거리는 아니라 할지라도 아주 비현실적인 것이다."[12] 이러한 성경 구절들은 유아들과 어린이들이 아버지나 어머니가 먼저 믿고 세례를 받았을 때 부모와 함께 세례를 받았을 개연성을 크게 높여준다.[13] 따라서 세례를 받기 위해서는 믿음이 요구되지만, 그 믿음은 회심한 성인의 믿음과 함께 대부/대모의 믿음 혹은 부모와 조부모의 믿음, 그리고 더욱이 이와 관련된 교회의 믿음일 수도 있다.

우리가 우리 교회에서 유아와 부모와 가족과 친지들과 함께 거행하는 세례식에 참석할 때 우리는 믿음의 공동체로서 믿음을 행사한다. 피세례자의 믿음(혹은 그 부모의 믿음)은 혼자만의 믿음이 아니다. 그의 믿음은 다른 사람들과 함께 행사하는 믿음이다. 한 세대 이전에 크게 두각을 나타낸 바 있는 신약학자 오스카 쿨만은 세례에 관한 저서에서 개인적으로 새로운 시각을 제공하면서 세례에 관한 자신의 "믿음"에 관하여 이와 비슷한 고백을 했다. "세례에 관한 나의 믿음은 단순히 그

---

12 J. I. Packer, *Baptism and Regeneration* (Newport Beach, CA: Anglican House, 2014), 7.

13 세례 예전의 역사—어떤 신앙고백을 했는지, 어떤 행위가 이루어졌는지(누가 세례를 주었는지, 삼위일체 형식에 따른 삼중 세례, 피세례자가 나체였는지, 안수, 기름 부음, 옷 착용, 사탄과의 절교, 성찬, 교리문답 과정 등등), 또 세례 "예배"의 순서—는 이 책이 다루는 범위에서 벗어난다. 학문적인 논의에 대한 개요는 다음을 보라. Ferguson, *Baptism in the Early Church*, 5-11. 세례의 비유적 묘사와 초기 기독교의 세례 관습에 관해서는 다음을 보라. Jensen, *Baptismal Imagery*.

리스도의 사역에 대한 일반적인 믿음이 아니라 내가 세례받는 바로 그 순간 그가 나에게 행하신 구체적인 행위에 대한 믿음인데, 그 행위란 그가 나를 하나님 나라의 중심부, 곧 지상에 세워진 그의 몸 안으로 영접하신 것이다."[14] 이것이 바로 가족 중심적·언약 중심적 교회가 피세례자의 믿음을 이해하는 방식이다.

다시 간략하게 요약하자면 유아 세례는 가족을 중심으로 하나님이 행하신 행위이며, 바로 그것이 신약성경에서 유아 세례를 가장 중요한 가족 행위인 할례와 연관시키는 이유다. 이제 나는 이 주제를 좀 더 깊이 다루고자 한다. 그렇게 하려는 이유는 바로 신약성경이 기독교의 세례를 유대교의 할례와 명시적으로 연관시키기 때문이다.

언약을 기념하는 할례

성공회 신자들은 다양한 이유에서 유아 세례에 대한 신념을 갖고 있는데, 그중에 하나가 바로 성경에서는 믿음이 가정-언약에 그 배경을 두고 있다는 사실이다. 그리고 또 다른 이유는 바로 성경에 나타난 할례와 세례의 명백한 유비와 관련이 있다. 우리는 이미 할례를 언급했지만, 성경이 말하는 할례에 관해 좀 더 깊이 살펴볼 필요가 있다.

---

14 Oscar Cullmann, *Baptism in the New Testament*, trans. J. K. S. Reid, Studies in Biblical Theology 1 (London: SCM, 1950), 50.

할례의 본래 행위는 야웨와 아브라함 사이에 체결된 언약의 표징이었으며,[15] 그 표징은 나중에 그의 자손에게로 확대되었다.[16] 창세기 15장에서 아브라함은 믿음으로 의롭다 하심을 받았고, 창세기 17:11에서(할례 의식을 통해 "언약의 표징"으로 확정됨[17]) 그는 언약의 표징인 할례를 받아들인다. 이러한 언약의 새로운 표징의 결과로서 아브라함은 그의 아들 이삭이 난 지 팔 일 만에 그에게 할례를 행한다(창 21:4). 이것이 바로 하나님께서 아브라함으로 하여금 그의 자녀들을 언약에 기초한 신앙으로 이끌어들이게 하도록 그에게 지시하신 것이다. 이것이 이스라엘이 따를 패턴이 되었고, 이 패턴을 예수와 사도들도 물려받은 것이다.

할례가 하나님이 이스라엘과 맺은 언약 안으로 들어가는 "입교 의식"인 것처럼 세례 역시 하나님과 교회가 맺은 새 언약 안으로 들어가는 의식이다. 할례와 세례는 서로 매우 중요한 구조적인 유사성을 지니고 있으며, 이러한 관계는 1세대 신자들과 그 자녀들에게 매우 중요했다.

---

15 보다 더 정확히 말하자면 아브람의 이름은 창 17:5에서 "아브라함"이 될 때까지 바뀌지 않았다. 하지만 이 책에서 나는 계속해서 "아브라함"이란 이름을 사용할 것이다.

16 할례에 관련하여 나는 각각 적절하고 필요한 정보를 제공해주는 다음 두 가지 표준적인 저서만을 언급한다. L. A. Hoffman, "Circumcision," in *Encyclopedia of Judaism*, ed. Jacob Neusner, Alan J. Avery-Peck, and William Scott Green (New York: Continuum, 1999), 1:89-95; D. A. Bernat, "Circumcision," in *Eerdmans Dictionary of Early Judaism*, ed. J. J. Collins and D. Harlow (Grand Rapids: Eerdmans, 2010), 471-74.

17 언약의 "표징"에 해당하는 히브리어 단어에 관해서는 다음을 보라. אוֹת ("*ot*"), in *Concise Dictionary of Classic Hebrew*, ed. D. J. Clines (Sheffield: Sheffield Phoenix, 2009), 9.

A 아브라함은 믿고 의롭다 하심을 받은 후에 할례를 받았다.

B 신자 아브라함은 그의 아들이 **같은 언약 안으로 들어가도록** 그에게 할례를 행했다.

A′ 신약성경의 그리스도인들은 믿고 의롭다 하심을 받은 후에 세례를 받는다.

B′ 따라서 신약성경의 신자들과 그 자녀들도 아브라함과 그의 자녀들의 경우와 마찬가지인 것이다. 즉 **신자들의 자녀들도** 유사한 입교 의식(유아 세례)을 통해 **같은 언약 안으로 들어간다.**

하나님이 할례를 통해 아브라함과 언약 관계를 맺고, 또 할례를 통해 그의 아들이 언약 안으로 들어오도록 하셨다면, 하나님은 자녀들이 언약 중심의 믿음으로 양육받기에 가장 좋은 방법이 출생과 함께 언약 안으로 들어오는 것이라고 생각하셨을 것이 분명하다. 나는 이 점을 크게 강조하지 않을 수 없다. 이것이 하나님의 방식이다. 따라서 기독교 신앙에서는 1세대 신자가 먼저 세례를 받고, 그의 자녀들은 그 이후에 출생 입교 의식인 유아 세례를 통해 그 믿음 안으로 들어간다. 그 누구도 신약성경에서 혹은 초기 교회에서 이러한 과정에 대해 이의를 제기한 적이 없다. 우리는 아브라함과 언약을 맺으신 하나님은 새 언약의 하나님이심을 믿어야 하며, 또한 이것이 하나님이 제시하신 패턴이었다면 새 언약 안에서도 하나님의 패턴은 동일할 것이라고 생각하는 것이 타당하며 신학적으로도 일관성이 있다.

우리는 성경에서 언약을 어떻게 묘사하는지를 좀 더 깊이 살펴볼 필요가 있다. 왜냐하면 이 언약은 우리에게 세례가 무엇인지를 깨닫게 해줄 것이며, 또 유아 세례가 하나님께서 그리스도 안에서 우리를 위해 행하신 일을 기념하는 것임을 깨닫게 해줄 것이기 때문이다. 이에 관한 논의는 성경에서 언약을 위한 할례를 가리키는 데 사용한 특별한 용어에 집중할 것을 요구한다. 첫 번째 표현은 "언약의 표징"인데, 창세기 17:11에서 등장한다. 이 표현의 배후에 있는 히브리어 단어는 "오트 베리트"다. "너희는 포피를 베어라. 이것이 나와 너희 사이의 **언약의 표징**이니라." 이와 동일한 단어(오트, "표징")가 모세오경에서는 무지개(창 9:12-13), 안식일(출 31:13), 장자의 구속(출 13:16)을 가리키는 데도 사용되었다. 이스라엘의 역사에서 이러한 위대한 순간은 모두 하나님의 구속 행위로 이해된다. 더 나아가 "오트" 또는 언약의 "표징"은 하나님의 놀라운 구속 행위를 **기념하는** 것을 가리킨다. 따라서 그 언약과 그 언약 의식을 반복하는 것은 이를 기념하는 가장 중대한 행위다. 언약의 표징은 하나님이 오래전에 행하신 일을 기념하는 성례다. 이것은 하나님이 행하시는 것에 대한 표징이지, 우리가 행하는 것에 대한 표징이 아니다.

언약이 기념하는 것임을 우리가 안다는 사실은 우리로 하여금 세례가 무엇인지를 미리 짐작하게 해준다. 나는 당신이 이것을 진지하게 생각해보길 바란다. 즉 세례는 단지 또는 심지어 기본적으로 **현대 신**

자의 믿음을 나타내거나 확정짓는 것이 아니라 신자가 그 위대한 언약 행위를 **기념**하는 일에 참여하는 것이다. 새 언약이라는 공식적인 사건은 예수의 삶, 죽음, 장사, 부활/승천이며, 이로써 새 언약에서 세례는 예수의 삶, 죽음, 장사, 부활/승천을 기념한다. 따라서 우리는 세례가 절대적으로 또는 전적으로 "나의" 믿음 또는 심지어 "우리의" 믿음에 관한 것이 아니라 예수와 그의 세례에 관한 것임을 기억할 필요가 있다. 우리의 세례는 모든 사람의 관심이 예수와 그가 받은 세례, 그리고 하나님이 예수 안에서 새 언약을 확립하기 위해 행하신 일에 집중하도록 의도된 것이다. 따라서 세례는 단순히 **현재를 바라보는 것**이 아니라 **과거를 기억하는 것**이다.

크리스와 나는 호놀룰루에 있는 진주만 기념관과 펀치볼 국립묘지에 간 적이 있는데, 이 두 곳 모두 우리에게 아주 놀라운 경험을 선사했다. 진주만과 펀치볼에서 각각 무슨 일이 일어났는가? 미국 정부는 제2차 세계대전의 유품과 기념비, 묘비를 비롯하여 영화, 그림, 현판, 연대표 등을 사용하여 그곳에 기념관을 세웠다. 적어도 나는 나의 상상력을 동원하여 일본이 진주만을 침공하는 전쟁의 참혹한 장면을 마음속에 떠올리지 않고서는 진주만과 펀치볼 기념관을 구경할 수 없었으며, 더더욱 새로운 교훈을 얻고자 하는 마음 없이는 그곳을 거닐 수 없었다. 나는 『치욕의 날』(*The Day of Infamy*)이라는 책을 읽으며 전쟁을 치른 우리 국가를 더욱 깊이 추모했다. 이것이 바로 기념관이 하는 역할이다. 기념관은 과거의 중요한 일이나 사건을 기억하고, 과거로 되돌아가는 가시적인 대상을 세우며, 우리의 마음을 역사, 희망, 목적, 의미로 채우기 위해 우리를 다시 과거로 되돌아가게 한다. 비록 할례와 세례가 서로 다른 종류의 초자연적인 차원의 것이긴 하지만, 이 둘은 모두 하나님이 과거에 행하신 일, 곧 아브라함과 맺은 언약과 예수의 삶, 죽음, 장사, 부활을 통해 이루신 구속을 기념하는 것이다.

한편 또 다른 용어가 하나님이 제정하신 할례 의식을 가리키는 데 사용된다. 로마서 4:11은 "표"(*sēmeion*)라는 단어를 언약의 할례를 가리키는 데 사용하고, 이를 "인"(*sphragis*)이라고 부른다.[18] "그가 할례의 표를 받은 것은 무할례시에 믿음으로 된 의를 인친 것이니, 이는 무할례자로서 믿는 모든 자의 조상이 되어 그들도 의로 여기심을 얻게 하려 하심이라." 표는 무언가를 가리키고 드러내며, 이는 또한 동시에 언약에 담긴 내용이 진짜임을 보증한다. 인은 하나님께서 아브라함에게 하신 약속을 이행하시겠다는 그분의 약속이다. 인은 우리를 향한 하나님의 사랑을 상기시키고 이를 확증한다. 그 무엇보다도 언약을 "표"로 이해함으로써 우리의 관심은 다시 한번 하나님이 아브라함과 맺은 언약을 **되돌아보고 기념하는** 행위—할례—로 집중된다.[19] 이삭의 할례는 과거 아브라함이 받은 할례와 하나님이 아브라함과 맺은 언약을 되돌아

18 아브라함의 할례를 설명할 때 사용된 "인"이라는 용어가 고후 1:22과 엡 1:13, 4:3에서 기독교 신앙으로 개종한 사람들에게 내린 성령에도 사용되었다는 점은 주목할 만하다. 우리가 보여준 바와 같이 성령에서 세례까지의 거리는 그리 멀지 않다.

19 Witherington, *Troubled Waters*, 114–15.

보게 하는 계기가 되었다. 표는 그 할례가 기념하는 행위임을 확증해 준다.

만약 이것이 사실이라면 유아 세례는 단순히 **그 어린이의 장래의 믿음**을 책임질 부모와 교회의 서약이 아니라, **그리스도가 행하신 일을 기념**하는 것일뿐더러 믿음의 행위로서 **유아가 그 구원의 사건 안으로 들어가는 문**이다. 유아 세례는 그 아이의 믿음에 관한 것이라기보다는 그리스도의 죽음과 부활을 통해 그 어린이가 새로운 피조물이 될 것을 서약하는 것이다. 유아 세례는 그리스도의 세례, 곧 그가 죽음과 부활로 들어가신 사건을 지시하고 기념한다. 언약이 기념하는 것이라면 세례도 마찬가지다. 그렇다면 할례는 어떻게 세례와 연관되어 있는가? 우리는 할례와 세례를 서로 연결하는 본문들을 살펴보기 이전에 언약이 기념하는 것임을 살펴보았다.

할례와 세례

우리가 유아에게 세례를 주고자 한다면 그것은 세례가 할례를 성취했다고 보기 때문일 것이다. 이것이 바로 우리가 말하는 성경에 나타난 세례 신학이다. 만일 세례가 할례를 성취했다면 아브라함 시대에 그의 아들에게 행해진 것(할례)이 오늘날 우리 아이들에게 행해진다고(세례) 할 수 있다. 이 주제를 좀 더 확대하자면 아브라함의 믿음은 그를 할례로 이끌었고, 그는 하나님의 지시하에 아직 믿음이 없는 그의 아들에게 할례를 행했다. 따라서 아버지의 믿음은 아들을 위해 행사되었으며, 그 아버지의 믿음은 그 아들을 믿음으로 양육하여 그도 아브라함과 같은 믿음으로 자라나게 하는 역할을 했다. 세례도 마찬가지다. 성인 신자가 세례를 받으면 그 신자의 자녀들은 그 언약 신앙으로 자라나는 과정의 시작으로서 세례를 받는다. 다시 한번 강조하지만 우리는 언약 신앙에 있어 가정이 얼마나 중요한지 주목할 필요가 있다. 또한 할례와 세례에 있어 하나님의 은혜가 얼마나 중요한지에도 주목해야 한다.

성경은 세례와 할례를 서로 명시적으로 연결한다. 골로새서 2장에서 바울은 옛 언약의 할례를 새 언약의 세례와 연결한다.[20] 이 두 구절을 주의 깊게 살펴보라.

> 또 그 안에서 너희가 손으로 하지 아니한 **할례를 받았으니,** 곧 육의 몸을 벗는 것이요 그리스도의 **할례니라.** 너희가 **세례로** 그리스도와 함께 장사되고 또 죽은 자들 가운데서 그를 일으키신 하나님의 역사를 믿음으로 말미암아 그 안에서 일으키심을 받았느니라(11-12절).[21]

---

20 나는 이 논리가 행 2:39과 롬 4:11에도 적용된다고 확신한다.

21 이 구절들에 관한 특별한 문헌은 다음과 같다. Paul D. Gardner, "'Circumcised in Baptism—Raised through Faith': A Note on Col 2:11-12," *Westminster Theological Journal* 45 (1983): 172-77. 위에서 언급한 문헌 외에도 유아 세례에 이의를 제기하는 연구는 다음과 같다. J. P. T. Hunt, "Colossians 2:11-12, the Circumcision/Baptism Analogy, and Infant Baptism," *Tyndale Bulletin* 42 (1990): 227-44; Jeffrey Peterson, "'The Circumcision of Christ': The Significance of Baptism in Colossians and the Churches of the Restoration," *Restoration Quarterly* 43 (2001): 65-77.

바울은 구약의 매우 전형적인 가르침을 따른다. 그는 육체에 행하는 할례 의식은 마음에 행하는 훨씬 더 심오한 할례까지 요구한다고 말한다. 이것이 바로 모세가 구약성경에서 광야 생활이 끝날 때 하나님이 "네 마음과 네 자손의 마음에 할례를 베푸사 너로 마음을 다하며 뜻을 다하여 네 하나님 여호와를 사랑하게 하사 너로 생명을 얻게 하실 것이며"라는 약속을 제시한 이유다(신 30:6). 분명히 사도 바울은 그들이 "그리스도의 할례"를 받았을 때 그 언약이 성취된 것으로 생각하는 듯하다. 그다음 단계는 영적 할례와 세례를 서로 연결하는 것이다. 바울은 이 둘—육체적 할례와 영적 할례—을 하나로 묶으면서 할례와 세례를 서로 연결한다. 바울의 말을 다시 인용해보자. "육의 몸을 벗는 것이요 그리스도의 **할례니라.** 너희가 **세례로** 그리스도와 함께 장사되고." 육적 의식이었다가 이제 영적 의식이 된 할례가 육적 의식이었다가 이제 영적 의식이 된 세례로 변모한 것이다. 할례와 세례의 연계는 이제 교회 역사 전반에 걸쳐 신학자들이 믿어왔던 바를 재확인해준다. 즉 할례를 받는다는 것은 이제 세례를 받는 것이다. 만약 육적-영적 할례가 신약성경의 세례(이 역시 육적-영적 행위임)의 구약성경 버전이라면 이는 바울이 할례가 어린이에게 행해졌던 것처럼 세례 역시 그렇게 해야 한다고 제안하거나 가르친 것과 진배없다.

왜 그럴까? 할례는 **언약의 집안에 사는 모든 이에게** 행해졌기 때문이다. 창세기 17:23에서 이스마엘에게 할례가 행해졌는데 그는 언약의 자식(이삭이 언약의 자식임)이 아니라 아브라함이 자식을 주시겠다는 하나님의 약속을 성취하기 위한 수단으로 그가 사용할 수 있다고 생각했던 여종의 자식이었다.

> 이에 아브라함이 하나님이 자기에게 말씀하신 대로 이 날에 그 아들 이스마엘과 **집에서 태어난 모든 자와 돈으로 산 모든 자 곧 아브라함의 집 사람 중 모든 남자**를 데려다가 그 포피를 베었으니.

모세는 나중에 출애굽기 12:44, 48에서 다음과 같이 말한다.

> 각 사람이 돈으로 산 **종**은 할례를 받은 후에 [유월절 제물을] 먹을 것이며.

> **너희와 함께 거류하는 타국인**이 여호와의 유월절을 지키고자 하거든 그 **모든 남자는 할례를 받은 후**에야 가까이 하여 지킬지니 곧 그는 본토인과 같이 될 것이나 할례 받지 못한 자는 먹지 못할 것이니라.

재차 강조하지만 구약성경에는 훨씬 더 심오한 차원의 할례, 곧 마음의 할례가 있으며, 마음의 할례는 구속적이다(신 10:16; 렘 4:4). 따라서 신명기 30:6은 다음과 같이 기록한다.

> 네 하나님 여호와께서 **네 마음과 네 자손의 마음에 할례를 베푸사** 너로 마음을 다하며 뜻을 다하여 네 하나님 여호와를 사랑하게 하사 너로 생명

을 얻게 하실 것이며.

골로새서 2장에서 바울은 할례와 세례를 모두 마음과 연계시키고, 마음을 의식과 연계시킨다. 할례와 세례가 서로 연관되어 있고, 세례가 할례를 성취한다는 사실은 어린이가 언약 안에서 교회의 가족으로 입문한다는 것을 뒷받침해주며, 바울은 피세례자가 그 마음에도 세례받을 것을 기대한다. 사도 바울은 할례(그리고 결과적으로 세례)와 관련하여 다음과 같이 말한다. "오직 이면적 유대인이 유대인이며 할례는 마음에 할지니 영에 있고 율법 조문에 있지 아니한 것이라"(롬 2:29). 이와 마찬가지로 세례도 단지 육적인 의식일 뿐 아니라 마음에 있는 언약의 표징이기도 하다.

초기 교회의 신학자들은 할례를 세례와 연결하고 후자를 전자의 성취로 보았다. 이미 2세기부터 순교자 유스티누스는 세례를 "우리의 할례"라고 말한다(*Dialogue with Trypo* 19). 예루살렘의 키릴로스는 4세기에 아브라함에 대해 다음과 같이 말한다. "그리고 우리의 신앙을 따라 우리는 그와 마찬가지로 영적으로 인치심을 받는데, 세례를 통해 몸의 포피가 아닌 마음에 행하시는 성령의 할례를 받는다"(*Catechetical Lectures* 5.6). 키릴로스의 뒤를 이어 얼마 지나지 않아 아우구스티누스도 난 지 팔 일 만에 할례를 행한 것처럼 세례도 팔 일 만에 행하는 것임을 강조

했다.[22]

비록 최초로 이 둘을 서로 연결한 사람은 바울이었지만, 초기 교회는 이 사실을 포착하고 발전시켰다. 오늘날에도 많은 이들이 바울의 말을 믿고 따르면서 할례에 비추어 세례에 대한 통찰을 제시한다. 감리교 출신 신약학자인 벤 위더링턴 3세는 골로새서 2:11-12이 가르치는 바를 다음과 같이 신선하면서도 합리적으로 요약한다. "바울에게 있어 물 세례가 의미하는 바는 할례가 의미하는 것과 유사하며, 우리는 골로새서 2장을 근거로 바울이 물 세례를 그리스도인의 할례로 보았음을 받아들이지 않을 수 없다. 아마도 그는 세례를 할례(이제는 소멸된 과거의 언약)와 유사하면서도 이를 대체한 통과의례로 보았을 것이다."[23]

성공회 소속 복음주의 신학자인 마이클 버드는 이를 다음과 같이 명쾌하게 설명한다.

---

22 관련 본문에 대한 개요는 다음을 보라. E. F. Ferguson, *The Early Church at Work and Worship*, vol. 2, *Catechesis, Baptism, Eschatology, and Martyrdom* (Eugene, OR: Cascade, 2014), 144-54.

23 Witherington, *Troubled Waters*, 86. 나라면 "소멸된"이 아닌 "성취된"이란 표현을 사용했을 것이다. Witherington은 이중 세례라는 중재론을 제시한다. 이 이론은 유아 세례가 신약 신학에서 나온 정당한 추론일 뿐만 아니라 신약성경에도 나타난다고 본다. 그는 성령 세례 안에 존재하는 하나님의 은혜의 행위를 가리키는 공동체의 행사인 세례에 초점을 맞추는 동시에 믿음 세례에 대한 깊은 공감과 이해도 지니고 있다. 즉 교회가 유아 혹은 믿음을 고백하는 성인에게 세례를 주는 이중 세례는 더욱더 보편화되었다. 참조. Michael F. Bird, *Evangelical Theology: A Biblical and Systematic Introduction* (Grand Rapids: Zondervan, 2013), 768-71.

> 할례가 예고한 것을 이제 세례가 기념한다. 아브라함의 언약에서 나타난 할례라는 언약의 표징은 새 언약의 상징인 세례로 대체되었다.[24]

> 더 나아가 만약 새 언약이 아브라함의 언약에 대한 종말론적 성취임과 동시에 아브라함의 언약이 어린이들에게도 적용되는 것이라면 새 언약은 얼마나 더 어린이들에게 적용되어야 하지 않겠는가.[25]

골로새서 2장에 대한 가장 적절한 해석은 이 본문이 입교 의식인 육적-영적 할례를 새 언약의 입교 의식인 물 세례와 연결한다는 것이다.

우리 가운데 많은 이들은 유아 세례를 받은 이에게 개인적인 믿음이 얼마나 중요한지에 대해 여전히 커다란 우려를 갖고 있다. 우리는 유아 세례가 개인적인 믿음으로 이끌지 못한다는 점을 우려한다. 사실 이러한 우려는 유아 세례에 반대하고 성인 세례를 적극적으로 지지한다고 해서 해결되는 문제는 아니다. 아무튼 믿음을 고백하고 세례를 받은 이들 중에도 하나님과 아무런 상관이 없고, 그리스도에 대한 믿음이나 제자도나 교회와 무관한 이들이 여전히 너무나 많다. 믿음의 중요성이 유아 세례를 주지 않는 것을 의미한다고 주장하는 것보다 개인적

---

24 Bird, *Evangelical Theology*, 761. 나는 "대체되었다"가 아닌 "성취되었다"는 용어를 선호한다. "대체되었다"라는 용어는 Bird가 761-62에서 골 2:11-12을 어떻게 다루는지를 잘 설명해준다.

25 Bird, *Evangelical Theology*, 762.

인 믿음으로 성장하는 것에 대한 관심이나 우려를 복음 전도로 해결하거나, 내가 본서 초반부터 지적한 것처럼, 한 사람을 믿음으로 양육하려는 가족의 노력이 훨씬 더 중요하다. 이러한 우려는 많은 경우 유아 세례로 시작하는 하나의 과정으로서의 회심에 더 많은 관심을 기울임으로써 해소할 수 있다. 우리는 유아 세례를 주는 교단과 성인 세례를 주는 교단의 역사를 연구함으로써 가장 "성공적인" 사례가 유아 세례를 주느냐 성인 세례를 주느냐에 달려 있지 않고, 어느 교단이 어린이를 제자로 잘 양육했는지에 달려 있다는 사실을 발견할 수 있을 것이다. 가족의 신앙 교육을 중요하게 생각하는 유아 세례 지지자들도 신앙 교육을 신중하게 생각하는 성인 세례 지지자들과 마찬가지로 믿음이 돈독한 성인 신자들을 양성한다. 하지만 본 논의에서 우리는 이보다 훨씬 더 중요한 것을 놓쳐서는 안 된다. 즉 세례는 하나님이 행하시는 일이지, 우리가 무언가를 행함으로써 또는 우리의 믿음 때문에 받는 것이 아니다. 오히려 세례는 하나님께서 우리에게 베푸시는 은혜다.

나는 성인 세례를 주는 교단이 또 한 가지를 재고할 필요가 있다고 생각한다. 오늘날 신자에게만 세례를 주어야 한다는 주장이 강하게 제기될 때 (종종) 언약 참여와 신앙 교육의 자리인 가정의 **약화**가 거론되곤 한다. 비록 특정 책의 제목을 언급하진 않겠지만, 나는 이러한 가정의 약화가 신자의 세례를 옹호하는 교단 대다수에 해당한다는 점을 지적하지 않을 수 없다. 많은 경우 가정은 심지어 언급조차 되지 않으며, 언급된다 하더라도 성경에서 말하는 것처럼 큰 비중을 차지하지 않는다. 또 우리가 고려해야 할 것은 현대 사회에서 강조하는 개인의 자아의 중심적 역할이 친족과 가정을 통한 언약의 이행을 이중적으로 어렵게 만든다는 점이다. 훌륭한 언약 신학자들은[26] 언약을 가정 및 교회와 연결한다. 우리가 이미 살펴본 바와 같이 언약을 가족 및 교회(혹은 이스라엘)와 연결하는 언약 신학자들은 성경에 나타난 매우 크고 중대한 사상을 지지한다.[27]

나는 유아 세례에 관해 지금까지 발견한 내용을 요약해보고자 한다.

1. 가정 세례는 거의 확실히 유아 세례를 포함한다.
2. 골로새서 2장에서 바울이 제시한 할례와 세례 간의 유비는 세례가 할례의 성취임을 보여준다.
3. 우리가 만약 가정 세례가 유아 세례를 포함한다는 것을 인정한다면 신약 시대에 이미 바울이 사용한 세례와 할례 간의 유비

26 "언약 신학"의 전문적인 의미에 관심을 두는 이들을 위해 나는 이 표현을 광범위하게 사용하는데, 여기에는 성공회도 포함되지만, 나는 행위 언약과 은혜 언약을 소중히 여기는 개혁주의자들의 견해에 국한시키지 않는다. 유아 세례에 대한 개혁주의 언약 신학적 관점의 예로는 가족을 강조하는 다음의 책을 보라. Robert R. Booth, *Children of the Promise: The Biblical Case for Infant Baptism* (Phillipsburg, NJ: P&R, 1995).

27 오늘날 가톨릭 신학자인 Scott Hahn보다 이러한 관점을 더욱더 강력하게 논증한 사례는 없다. 그의 다음 저서를 보라. *Kinship by Covenant: A Canonical Approach to the Fulfillment of God's Saving Promises*, Anchor Yale Bible Reference Library (New Haven: Yale University Press, 2009).

에 유아 세례가 포함되어 있었다고 보는 것이 합리적이라고 생각한다.

과연 신약성경은 유아 세례에 관해 무언가를 더 말해주고 있을까? 우리 교회(제이와 어맨다는 우리가 신성한 세례 예배로 다시 돌아오길 기다리고 있다)와 성공회에서 거행하는 유아 세례로 되돌아가기 이전에 나는 초기 교회에서 유아들이 세례를 받았다는 사실을 거의 확실하게 보여주는 본문을 살펴보고자 한다.

신자의 자녀들이 지닌 거룩한 성품

우리 중 대다수에게 초기 교회가 유아에게 세례를 베풀었다는 확신을 심어주는 본문은 고린도전서 7:14이다.[28] "믿지 아니하는 남편이 아내로 말미암아 거룩하게 되고 믿지 아니하는 아내가 남편으로 말미암아 거룩하게 되나니, 그렇지 아니하면 너희 자녀도 깨끗하지 못하니라. 그러나 **이제 거룩하니라.**" 이 본문은 종종 한 페이지당 최소한 세 가지 문제가 나타나고 있는 이 서신서를 너무 빨리 읽어내려가다 보면 쉽게 지나치는 본문이다. 하지만 이 본문을 천천히 읽어내려가면서 바울이 어떻게 또는 왜 신자들의 자녀들이 거룩하다고 생각했는지 질문을 던

---

28 이에 관한 탁월한 논의는 다음을 보라. Witherington, *Troubled Waters*, 41-47.

져보자.

"거룩"이라는 용어가 지닌 의미는 무엇일까? 간단하게 말하면 "거룩"이라는 단어는 하나님께 헌신하며 자신을 그분께 드리거나 복종한 사람과 또 하나님의 임재 앞에 있는 사람을 묘사하므로 한층 더 "세상과 구별된" 사람이나 물건을 가리킨다. 하나님께 헌신한 이들은 세상에 몰두하는 이들이 아니다. 하나님께 자신을 드린 이들은 세상과 거리를 둔다. 따라서 "거룩"이라는 용어는 하나님께 대한 헌신을 의미하며, 이러한 헌신은 또한 세상으로부터 자신을 구별하게 만든다. 바울은 신자의 자녀들은 하나님께 바쳐진 자들이라고 생각한다. 사실 그는 그들이 하나님의 임재 앞으로 나왔고, 이로써 세상과 그 제도적인 악으로부터 구별되었다고 생각한다. 아울러 바울은 믿지 않는 배우자도 거룩하다고 생각한다는 점에 주목하라. 따라서 여기서 "거룩"이라는 용어는 가정 세례를 받은 이들에게 일어나는 일을 묘사한다. 즉 그들은 거룩하신 하나님의 임재 앞으로 인도함을 받는다. 바울은 신자의 집안에 속한 모든 이에게는 특별한 거룩함이 있다고 생각한다.[29] (우리는 여기서 믿음이 성장하는 데 있어 가정이 얼마나 중요한지 다시 한번 확인하게 된다.)

바로 이 시점에서 우리는 다시 한번 중요한 질문을 던지게 된다.

---

29 배우자가 "거룩"하게 되었다는 것은 "합법적" 결혼이라고 불리는 유대교 사상과 잘 연결되며, 따라서 자녀가 "거룩"하게 되는 것도 이와 같은 가족 사상을 따른다. 이에 관한 탁월한 논의는 다음을 보라. Roy E. Ciampa and Brian S. Rosner, *The First Letter to the Corinthians* (Grand Rapids: Eerdmans, 2010), 296-306.

자녀들은 어떻게 거룩해졌는가? 단순히 부모의 믿음 덕분인가 아니면 그 자녀들을 모두 포함시키는 가정 세례가 있었는가? 즉 옛 언약에 속한 할례와 유사한 예식 또는 의식이 있었는가?

지금까지 개진된 우리의 논증은 어린이와 유아가 있는 가정이 세례를 받았다는 사실을 보여준다. 구약성경에서 그들이 아들들에게 할례를 행했던 것처럼 새 언약에 속한 그리스도인들도 그들의 자녀들에게 세례를 주었다. 이 자녀들이 예수의 이름으로 씻음 혹은 세례를 받거나, 또는 그들이 부모 중 한 명 혹은 둘 모두를 통해 자신들의 세례에 참여했다고 보는 것이 전적으로 타당하다. 바울은 유대인이었으며, 유대인들에게 "거룩"이라는 단어는 그들이 하나님의 임재 앞에서 어떠한 존재인지를 보여주는 핵심 단어다. 바울은 유대인으로서 의식을 행하는 사람이었다. 따라서 나는 1세기 유대교나 로마 사회처럼 의식으로 가득 찬 세계에서 어린이에게 새로운 지위를 부여하는 의식이 없었다고 생각하기가 어렵다. 그렇다면 한 어린이를 "거룩"하다고 부르는 것이 일종의 입교 의식을 수반하는 것이었다고 생각하는 것은 전적으로 합리적이며, 만일 그러한 의식이 존재했다면 당연히 그것은 세례였을 것이다.

따라서 우리가 만약 가정 세례와 언약 속에서 가족의 중요성, 그리고 할례와의 유비에 관해 다룬다면 고린도전서 7:14에서 유아 혹은 어린이에게 "거룩"이라는 단어가 사용된 것은 전혀 놀랄 일이 아니다. 신자의 자녀들은 부모의 믿음과 유아 세례라는 의식을 통해 거룩해지거나 또는 하나님의 임재 앞에 드려진다. 베드로의 말을 약간 수정하면 다음과 같다. "아무도 그들에게 물로 세례를 주는 것을 막을 수 없다"(행 10:47). 나는 여기서 유아 세례로 나아가는 길은 "아주 가깝거나 이미 거의 다 왔다"라고 덧붙이고 싶다! 어쩌면 이것이 바로 베드로가 그 유명한 오순절 설교의 끝부분에서 말하고자 했던 것일지도 모른다. "이 약속은 너희와 **너희 자녀**"에게 하신 것이다(행 2:39). 베드로는 왜 이 약속에 어린이들을 포함시킨 것일까? 이는 믿음이 가정과 언약에 기초하기 때문이다. 한 가지 질문을 더 던져보자. 에베소 교회와 골로새 교회에 편지를 쓸 때 사도 바울은 신자가 어떻게 살아야 하는지를 교훈하면서 왜 자녀들을 포함시켰을까?(엡 6:1-3; 골 3:20) 사도 요한은 왜 자녀들에게 편지를 썼을까?(요일 2:12, 14) 이는 초기 교회가 처음부터 자녀들을 그 믿음에 포함시켰기 때문이다. 다시 한번 강조하지만, 각종 의식으로 가득한 세계에서 이 자녀들이 이런 세상에서 하나님의 사랑과 보호를 받는 삶으로 이동하는 전환점을 명시하는 의식이 행해졌을 개연성은 매우 높다. 유아 세례는 그러한 전환이 일어나는 의식이었다.

역사상 가장 영향력 있는 기독교 신학자 가운데 한 명이자 종교개혁의 중심에 서 있던 장 칼뱅은 이에 동의한다. 『기독교 강요』에서 "이와 동일한 이유로 그리스도인들의 자녀들도 거룩하다고 여겨진다. 그리고 한 부모만 믿는 가정에 태어났다 할지라도 사도의 증언에 의하면 그들은 우상숭배자의 부정한 씨와 다르다[고전 7:14]." 어떻게 이런 일이 일어났을까? 칼뱅은 다음과 같이 말한다. "주님이 아브라함과 언약을 체결하시자 마자 외적 의식을 통해 그 언약이 유아들에게도 적용되도록 명령하신 것[창 17:12]을 확인한 현대 그리스도인들은 이제 어떻게 자기 자녀들에게 이 의식을 행하거나 이를 확증하지 않으려고 변명을 댈 수 있겠는가?"[30] 개혁주의 신학자이자 장로교 신자인 브라이언 채플(Bryan Chapell)은 다음과 같이 말한다. "성경의 몇몇 구절은 하나님이 언약의 부모와 같이 사는 동안 자녀들에게 은혜를 부어주신다는 점을 더욱더 강하게 보여주며" "믿는 부모의 권위 아래 있는 동안에는 그 부모의 믿음이 언약적으로 자녀들을 대표한다."[31] 성공회 신자인 마이클 버드(Michael Bird)는 이에 관해 자신의 생각을 다음과 같이 덧붙인다. "온 가족이 진정으로 은혜의 언약 안에 들어 있지 않다면 그 가정 안에서 자녀들이 언약적으로 거룩하다고 간주하기는 불가능하다(참조. 고전 7:14)."[32] 한 가지 분명한 사실은 그가 지금 여기서 유아 세례를 염두에 두고 있다는 것이다.[33]

---

30 John Calvin, *Institutes of the Christian Religion*, ed. John T. McNeill, trans. Ford Lewis Battles, Library of Christian Classics 20-21 (Philadelphia: Westminster, 1960), 2:1329 (4.16.6).

31 Bryan Chapell, *Why Do We Baptize Infants? Basics of the Faith* (Phillipsburg, NJ: P&R, 2006), 9-10.

32 Bird, *Evangelical Theology*, 765.

33 Garwood Anderson은 개인적인 서신을 통해 좀 더 복잡하면서도 여기서 정리할 만한 가치가 있는 또 다른 주장을 나에게 제시해주었다. (1) 갈라디아서에서 어떤 이들은 이방인 신자들에게 할례를 요구하는 문제로 인해 "율법의 행위"라는 비난을 받는다. (2)

나는 이전 두 장에서 본 주제에서 벗어났다. 왜냐하면 성공회 신자가 되고자 하는 이들 가운데 다수가 침례교 문화에서 성장했기 때문이다. 그들은 성공회의 예전을 좋아하고, 성찬식에 강조점을 두는 것을 좋아하며, 예배 시간에 성경을 낭송할 때 성구집을 사용하는 것을 좋아한다. 하지만 그들은 유아 세례에 관해 의구심을 갖고 있으며, 내 친구인 이든 맥카티가 나에게 상기시켜준 것처럼 그들의 의구심은 주로 성례와 교회에 관한 것이다. 따라서 나는 유아 세례가 과연 진정으로 성경적인지를 묻는 이들을 위해 이 두 장을 할애했다. 나는 유아 세례가 성경적일 뿐만 아니라 우리의 언약과 가정에 기초한 믿음을 구현하기에 가장 적절한 방법이라고 주장한다.

이제 다시 제이와 어맨다에게로 돌아가자.

3장에서 바울은 그들이 **세례를 통해** 그리스도와 연합되었다고 가르친다(27절). "누구든지 그리스도와 합하기 위하여 세례를 받은 자는 그리스도로 옷 입었느니라." 이방인 신자들은 할례가 아니라 그리스도와 연합하는 세례를 통해 아브라함의 자손이 된다(3:16, 29). 따라서 우리는 (3) 3장에서 바울은 최초기 기독교에서 세례가 할례 의식을 성취한 것으로 본다고 주장할 수 있다.

It Takes a Church
to Baptize

제6장

세례를
주는 행위

3장 끝자락에서 성공회의 세례 예배에 관한 논의를 중단할 때까지 우리는 피세례자를 소개하고 교회(회중)와 부모와 피세례자가 하나님 앞에서 진지하게 서약하는 순서를 살펴보았다. 이 순서에 이어 우리 사제는 기도를 드렸고, 바로 이 시점에서 세례식이 공식적으로 거행된다.

이 세례식은 물을 축복하는 것으로 시작하는데, 이는 성전에서 제물을 위해 지속적으로 기도하고 축복하는 것과 다르지 않다. 어떤 이에게는 이러한 행위가 우상숭배처럼 보일 수도 있다. 하지만 성경은 몸(공동체) 전체의 영성과 모든 피조물의 구속, 그리고 성전에서 이루어지는 건물·기구·의식에 기초한 예배를 강조한다. 성공회에서 물을 축복하는 행위는 우리가 공동체 안에서 행하는 것과 예배를 위해 우리가 조성하는 공간이 얼마나 중요한지를 보여주며, 하나님이 물질을 창조하셨다는 것과 이 물이 하나님께 바쳐지고 지상의 다른 물과 구별되었다는 사실이 얼마나 중요한지를 보여준다. 우리 교회 사제는 이제 우리를 다시 세례식에 동참하도록 이끈다.

집전자: 주님께서 당신과 함께하시기를 빕니다.

회중: 당신께도 함께하시기를 빕니다.

집전자: 우리 주 하나님께 감사를 드립시다.

회중: 그분께 감사와 찬양을 드리는 것은 합당한 일입니다.

그다음 집전자는 이어지는 기도를 한다. 이 기도는 성경 이야기에서 물이 수행하는 역할을 새롭게 표현해주는데, 나는 이 성경의 주제가 좀 더 명확히 드러나도록 번호를 매겼다. 이 기도에서 드러나는 물에 관한 세 가지 주제는 창조와 출애굽, 그리고 예수의 죽음과 부활의 세례다.

> 전능하신 하나님, 물을 선물로 주셔서 감사합니다. (1) 하나님의 영은 태초에 그 위에 운행하셨습니다. (2) 이것을 통해 당신은 이스라엘 백성을 애굽의 노예로부터 이끌어내어 약속의 땅으로 인도하셨습니다. (3) 당신의 아들 예수는 그 물로 요한의 세례를 받으셨으며 우리를 예수의 죽음과 부활을 통해 죄의 노예에서 영생으로 이끄시기 위해 메시아, 즉 그리스도로 기름 부음을 받으셨습니다.

우리는 창조와 출애굽 당시의 홍해 도하 사건 사이에 또 다른 성경 주제로서 홍수 사건을 포함시킬 수 있다. 단지 베드로만 세례를 노아와 연결시킨 것이 아니라(벧전 3:20-21) 초기 교회도 종종 세례를 노아 홍수의 물과 연결시켰다.[1]

이 기도를 드린 후 우리 교회 사제는 이제 이 물이 창조와 출애굽 및 그리스도와 연결되어 있으므로 예배당 안에 있는 이 물에 대해서도

---

1 Robin M. Jensen, *Baptismal Imagery in Early Christianity: Ritual, Visual, and Theological Dimensions* (Grand Rapids: Baker Academic, 2012), 17-20. 홍해 도하에 관해서는 20-23을 참조하라.

감사의 기도를 하나님께 드린다. 사제는 **우리의** 세례식을 위해 감사의 기도를 드린다. 왜 **우리의** 세례식인가? 그 이유는 이 세례식이 그리스도의 세례를 **기념**하고, 우리에게 그리스도의 세례, 그의 죽음 및 그의 부활을 가리키는 **언약의 표징**이기 때문이다. 따라서 이 세례식은 그리스도의 이름으로 모인 모든 이들을 위한 합동 입교 의식인 것이다. "우리"가 세례를 받았기 때문에 우리는 다른 이들을 이 물이 베푸는 축복으로 이끌 수 있다.

> 아버지여, 세례를 위한 물을 주셔서 감사합니다. 이 물과 함께 우리는 그리스도의 죽으심 안에서 장사되었습니다. 이를 통해 우리는 그의 부활에 참여합니다. 이를 통해 우리는 성령으로 거듭납니다. 따라서 우리는 성부와 성자와 성령의 이름으로 세례를 줌으로써 당신의 아들에게 기쁘게 순종하는 마음으로 그에게 믿음으로 나오는 이들을 그의 공동체로 인도합니다.

이어서 신부는 손가락을 물이 담긴 그릇에 넣고 물을 위한 축복 기도를 드린다.

> 당신께 기도하오니 이제 당신의 성령의 능력으로 이 물을 성결하게 하시사 죄에서 씻음을 받고 거듭난 이곳에 모인 자들이 우리의 구원자이신 예수 그리스도의 부활하신 삶 속에서 영원히 거하기를 기도합니다. 그분과

당신과 성령께 모든 존귀와 영광이 이제부터 영원까지 항상 있을지어다. 아멘.

이미 우리가 설명한 바와 같이 신약성경의 중요한 주제 가운데 하나가 바로 성령과 세례가 서로 연결되어 있다는 점이다. 교회에서 사람들에게 세례를 베푼 역사를 보면 이와 같은 연결은 우리가 4장에서 논의한 도유 의식 또는 기름 바름을 통해 표현된다.[2] 우리 교회 사제는 이제 피세례자에게 사용할 기름을 축복하는 순서를 거행한다.

영원하신 아버지여, 당신의 아들은 구주와 모든 이의 종이 되기 위해 성령으로 기름 부음을 받으셨습니다. 이 기름을 성결케 하시사 이것으로 인치심을 받는 자들이 당신과 성령과 더불어 영원히 살아 계시고 다스리시는 예수 그리스도의 왕적 제사장의 신분에 참여하기를 기도합니다. 아멘.

비록 세례를 주는 시점까지 오랜 시간이 걸렸지만, 이 준비 기간은 우리가 새 사람을 우리 교회 공동체로 맞이하고 그 어린이를 믿음으로 양육하는 일에 헌신하기로 우리 자신—세례받은 신자 공동체—을 준비하면서 우리 속에서 어떤 일이 일어나야 하는지를 반추하는 시간

---

2 Timothy George는 침례교가 세례 예배에서 기름 부음을 회복할 것을 독려한다. George, foreword to *Believer's Baptism: Sign of the New Covenant in Christ*, ed. Thomas R. Schreiner and Shawn D. Wright (Nashville: B&H, 2006), Kindle location 194.

이다. 「공동 기도서」는 어떤 일이 일어나야 하는지를 다음과 같이 정의한다.

> 집전자 혹은 부사제 또는 부제는 각 피세례자의 이름을 호명하고, 이어서 피세례자를 물속에 담그거나 물을 뿌리며 다음과 같이 말한다.

> [○○]에게 나는 성부와 성자와 성령의 이름으로 당신에게 세례를 줍니다. 아멘.

만일 당신이 세례식에서 사용하는 인용문을 빠짐없이 다 읽었다면 사제가 "피세례자를 물속에 담그거나 물을 뿌리며"라는 말을 보았을 것이다. 이것이 과거에 교회를 분열시킨 분수령과 같은 중요한 사건 중 하나이므로 나는 이에 대한 간략한 해명을 제시하고자 한다. "세례를 주다"라는 단어의 배후에 있는 그리스어 단어 "밥티제인"(*baptizein*)은 일반적으로 물속에 담그거나 집어넣거나 빠뜨리는 것을 묘사한다. 유대인들은 "미크바"(*mikvah*)에 자신들의 온몸을 담구었는데, 이 히브리어 단어는 정결 예식을 위해 사용하는 신성한 욕조를 가리킨다. 세례자 요한은 요단강에서 예수와 다른 사람들에게 세례를 주었으며, 그가 이 사람들을 물속에 담그거나 적어도 그들이 물속으로 들어가 그의 지시를 따라 스스로를 물속에 담갔다고 보는 것이 타당하다. 다수는 이를 근거로 하여 모든 세례가 침례여야만 한다고 주장한다. 하지만 세례와 연관된 이미지들—성령이 우리에게 부어진다거나 불로 세례를 받는다는 표현 등—은 물에 빠지거나 담그는 것과 쉽게 잘 연결되지 않는다.[3]

그렇다. 예수의 세례도 온몸을 담그는 방식이었고, 대다수의 성인 세례도 아마 그랬을 것이다. 하지만 1세기 말 또는 2세기 초에는 이미 세례를 주는 방식에 대한 선택권이 그리스도인들에게 주어졌다.[4] 「디다케」라고 불리는 초기 기독교 문헌은 다음과 같이 기록한다. "흐르는 물에서 성부와 성자와 성령의 이름으로 세례를 주라. 하지만 만약 흐르는 물이 없다면 어떤 다른 물에서 세례를 주라. 그리고 찬 물에서 세례를 줄 수 없다면 따뜻한 물을 사용하라. 만약 그 어떤 물도 없다면 성부와 성자와 성령의 이름으로 물을 세 번 **머리에 뿌려라**."[5] 따라서 성공회는 여기서 약간의 차이를 허용한다. 어떤 이들은 성인(그리고 심지어 유아에게까지도)에게는 침례를 선호하는 반면, 다른 이들은 피세례자에게 물을 세 번 뿌리는 것이 더 적합하다고 생각한다. 우리 교회 사제인 제이 그리너는 피세례자(성인 혹은 유아)의 머리에 성부와 성자와 성령의 이름으로 물을 세 번 뿌린다. 아멘.

세례를 주는 방식에 대한 여담에서 이제 다시 본론으로 돌아오자.

---

3 I. H. Marshall, "The Meaning of the Verb 'Baptize,'" in *Dimensions of Baptism: Biblical and Theological Studies*, ed. Stanley Porter and Anthony R. Cross, Journal for the Study of the New Testament 234 (London: Sheffield Academic, 2002), 8-24.

4 종종 관련 문헌에서는 전문 용어가 사용된다. 물속에 빠뜨리는 것을 "침례", 붓는 것을 "관류" 혹은 "관수", 뿌리는 것을 "성수 뿌리기"라고 부른다.

5 Didache 7.1-4.

이제 세례 예배는, 설령 피세례자가 다수일지라도, 사제가 각 사람을 위해 드리는 기도로 이어진다.

> 하나님 아버지여, 당신은 물과 성령을 통해 당신의 종들의 죄를 용서하여 주셨고, 은혜의 거듭난 삶을 살도록 그들을 세워주셨습니다. 오 주여, 당신의 성령으로 그들을 붙드소서. 그들에게 탐구하는 마음과 분별하는 마음, 결단하고 인내하는 용기, 당신을 알고 사랑하는 영, 그리고 당신이 행하시는 모든 사역에 기쁨과 놀라움의 선물을 주시옵소서. 아멘.

「공동 예배서」(*Common Worship*)에는 대안적인 방법이 제시되어 있는데, 거기서는 사제가 피세례자에게 다음과 같이 말한다.

> 세례를 통해 당신을 그의 교회로 받아들이신 하나님이 그의 풍성한 은혜를 당신에게 부어주시고, 그리스도의 순례자들과 함께 성령의 기름 부음을 통해 날마다 새로워지게 하시고, 영광 중에 성도의 기업을 받게 하옵소서.

회중은 이 말을 "아멘"으로 화답하고, 다음과 같은 지시를 따라 도유의식이 거행된다.

> 이어서 주교 혹은 사제는 그 사람의 머리에 손을 얹고, 이마에 십자가 표

시를 하고[원한다면 성유[6]를 사용하며] 각 사람에게 다음과 같이 말한다.

[○○]은 세례를 통해 성령으로 인치심을 받고 영원히 그리스도의 것으로 확정되었습니다. 아멘.

나는 한 사람에게 세례를 주려면 교회가 필요하다는 점을 거듭해서 강조했다. 이 세례가 세례의 원 의미를 제대로 드러내기 위해서는—그리고 우리는 옛 언약의 할례와 마찬가지로 "그리스도의 세례 역시" 확고한 약속임을 부인할 수 없다—후견인, 대부모, 가족, 친구와 더불어 모든 성직자 및 성도를 포함한 교회 전체가 믿음으로 서로를 양육할 것을 서약해야만 한다. 교회의 환영을 받는 이 어린이는 자신(혹은 다른 피세례자)에게 거룩한 영향력을 행사하고 또 경건한 멘토와 목회자가 되겠다는 서약을 그곳에 모인 모든 이들로부터 받는다. 지금까지 언급한 내용은 모두 J. I. 패커의 풍부한 표현력을 통해 다음과 같이 요약될 수 있다.

우리는 유아 세례를 통해 어린아이들을 하나님께 드리고, 그들을 대신하여 그들이 완전히 성숙한 그리스도인이 되도록 위임하며, 이러한 위임이 그대로 이루어지고, 이러한 성숙한 관계를 나타내는 하나님의 언약적 표

6 거룩한 기름인 "성유"는 기름과 발삼을 섞은 것이다. 이것은 때로 "몰약"으로도 불린다.

징을 그들에게 주시기를 기도한다. 이 모든 일이 그분의 뜻에 합한 것임을 믿을 뿐 아니라 그분이 신실하시고 인자하시며 기도에 응답하시는 하나님이심을 믿는 우리는 그분이 이제 언약적으로 이 어린이들을 받아들이셨고, 우리가 그분께 간구했던 일들을 이들 안에서 어떤 방식으로든 시작하셨음을 믿는다. 따라서 우리는 마지막으로 어린이들이 거듭남에서 믿음과 신실함이 충만한 상태로 나아가도록 기도한다.[7]

세례식 끝부분에 이르러 사제는 교회 전체를 향해 다음과 같이 말한다. "이제 세례받은 이들을 우리 모두 환영합시다." (우리 교회에서는 이 시점에서 박수를 친다. 하지만 다른 교회에서는 어떻게 하는지 나는 잘 모른다. 어떤 이들은 부동 자세로 자신들의 기쁨을 절제하는 데 더 익숙하다.) 우리는 다함께 다음과 같은 말을 낭송한다.

우리는 당신을 하나님의 가족으로 받아들입니다. 십자가에 못 박히신 그리스도에 대한 믿음을 고백하고, 그의 부활을 선포하며, 우리와 함께 그의 영원한 제사장직에 참여하십시오.[8]

---

7 J. I. Packer, *Baptism and Regeneration* (Newport Beach, CA: Anglican House, 2014), 16-17.

8 여기서 「공동 예배서」는 다음과 같은 표현을 사용한다. "한 분의 주님이 계시고, 하나의 믿음이 있고, 하나의 세례가 있습니다. ○○와 ○○여, 한 성령으로 우리는 모두 한 몸으로 합하는 세례를 받았습니다." 이에 대한 응답은 다음과 같다. "우리는 당신이 믿음의 교제 안으로 들어오는 것을 환영합니다. 우리는 동일한 하나님 아버지의 자녀입니다. 우

대체적으로 이때 어떤 이들은 기뻐하며 코를 훌쩍이기도 하고, 또 어떤 이들의 얼굴에는 기쁨이 넘쳐난다. 우리는 가족들이 피세례자를 매우 자랑스러워하는 것을 볼 수 있다(그리고 방금 유아 세례를 받은 아기는 제이가 입고 있는 예복에 호기심을 보이거나 엄마나 아빠의 품에 다시 안겨 기뻐한다).

이어서 우리 교회에서는 성만찬에 참여할 수 있는 사람이 모두 한자리에 모여 성찬식을 거행한다. 성만찬을 거행하는 동안 우리는 주기도문을 외우고 함께 찬양하며 다음과 같은 신학적인 의미가 풍부하고 아름다운 기도로 세례식을 마친다.

> 자비로우신 아버지여, 우리를 당신의 자녀로 삼아주시고, 우리를 당신의 거룩한 교회와 한 몸이 되게 하시고, 우리를 빛 가운데 거하는 성도들과 유업을 공유할 가치가 있는 사람으로 만들어주신 당신과 지금도 살아 계셔서 당신과 함께 다스리시는 당신의 아들 우리 주 예수 그리스도와 성령님께 모든 찬양과 감사를 영원토록 돌립니다. 아멘.

> 하늘과 땅에 있는 모든 가족의 이름을 아시는 전능하신 하나님, 곧 우리 주 예수 그리스도의 아버지께서 믿음으로 너희의 마음속에 거하시는 그리스도를 통해 너희를 성령의 능력으로 강건하게 하시고 하나님의 모든

리는 당신을 환영합니다."

충만함으로 가득하게 하옵소서. 아멘.

맞다. 성공회의 모토는 다음과 같다. "기도의 법은 신앙의 법이다"(*lex orandi, lex credendi*). 지금까지 내가 설명한 것은 그저 예배의 순서를 따랐다. 이는 그렇게 함으로써 그것이 달성한 것이 무엇인지를 보여주려는 것이었다. 마릴린 로빈슨과 하퍼 리의 소설에 등장하는 어린이들이 교회에 출석하면서 신학을 배운 것처럼 이것 또한 우리 모두가 믿는 바를 형성한다.

이제 우리가 예배당에서 떠날 준비를 할 때 우리는 우리 교회의 사제인 어맨다로부터 위임을 받는다.

집전자: 성령의 능력을 기뻐하며 세상으로 나아가십시오.

당신과 나: 하나님께 감사를 드립니다!

이 문장의 마지막 느낌표는 이 책에서 거듭 되풀이해서 말한 것에 종지부를 찍는다. 즉 세례란 하나님께서 우리에게 베푸시는 은혜의 행위이며, 이로써 우리는 하나님께 대한 감사의 마음을 표현하지 않을 수 없다.

제7장

나의 개인 간증

본서에서 나 자신의 이야기가 가끔 중간중간에 끼어들기도 했는데, 어쩌면 어떤 이에게는 나 자신에 관한 이야기가 좀 더 들어가는 것이 도움이 될지도 모르겠다. 내 인생에 나타난 신학적 견해의 변화 대부분이 그렇듯이 유아 세례에 관한 내 생각의 변화도 하나의 길고도 느린 과정을 지나왔다. 나는 구체적인 문제를 놓고 성경을 연구하면서 신학자들의 글 및 친구들과의 대화를 통해 나에게 유아 세례에 대한 신념이 생겨났음을 서서히 깨닫게 되었다. 내가 말한 것처럼 이것은 하나의 과정이었으며, 지금 내가 쓰고자 하는 내용이 바로 내 생각이 어떻게 바뀌었는지를 보여주는 골자라고 할 수 있다.

본론으로 들어가기 전에 먼저 나는 두 가지를 말하고 싶다. 첫째, 유아 세례를 받아들이는 이들은 "침례교 신자" 혹은 "재세례파 신자"—즉 유아 세례가 성경적이지 않다고 믿고, 성인 또는 신자 세례가 성경적이라고 믿음으로써 **박해를 받고 죽음을 당한 많은 이들**—에게 가해졌던 끔찍한 박해에 대해 얼마간의 책임이 있다. 로마 가톨릭, 루터교, 스위스 개혁파 신자들의 손에 죽임을 당한 재세례파 신자들의 역사는 수치스럽고 흉측할 뿐만 아니라 심지어 오늘날까지도 나를 심하게 괴롭힌다. 시대를 막론하고 내가 가장 좋아하는 재세례파 신자는 마이클 새틀러(Michael Sattler)인데, 그는 그당시 무시무시한 박해를 당했다. 그의 혀는 잘려나갔고, 그의 몸은 수레에 묶인 채 불에 타 죽기까지 뜨거운 부젓가락으로 고문을 당했다.[1] 나는 그들에게 사죄하고 유아 세례를 믿는 우리가 저지른 행동이 야만적일 뿐만 아니라 그 누가 보기에도 심각하게 잘못된 행위였기에 비통한 마음으로 우리의 잘못을 자백한다.[2]

둘째는 첫째와 비슷하다. 나는 오늘날 유아 세례를 주는 교회에서 자라났지만, 나중에 신자의 세례를 권하는 선생, 목사, 가족, 친구로부터의 어떤 압력에 의해 침례를 다시 받은 이들에게 존경심을 표한다. (내가 알고 있는 적지 않은 이들이 유아 세례에서 신자 세례로 옮겨가는 과정을 거쳤다가 유아 세례를 재고하고 이를 받아들여 이제는 다시 유아 세례를 주는 교회에서 봉사하고 있다.) 무엇보다도 유아 세례를 버리고 신자 세례로 옮겨간 이들 가운데 일부는 그러한 결정으로 인해 가족 간에 갈등을 겪고 수치를 당하기도 했다. 설령 우리가 그들이 선택한 길이 잘못된 것이라고 생각하더라도(내가 현재 그렇게 믿고 있듯이) 그들의 경험은 우리의 존경을 받을 만한 가치가 있다. 또한 어떤 사람이 다시 세례를 받기로 결정하고 그렇게 하는 이유가 처음 받은 세례가 실제로는 아무것도 성취하지 못하고 단지 상징적(그리고 비성례적) 행위에 불과하다고 믿는 경

---

1 William R. Estep, *The Anabaptist Story: An Introduction to Sixteenth Century Anabaptism*, 3rd ed. (Grand Rapids: Eerdmans, 1996), 57-73.

2 Estep, *Anabaptist Story*를 참조하라. 초기 재세례파의 세례 신학에 관해서는 다음을 보라. Rollin Stely Armour, *Anabaptist Baptism: A Representative Study* (Scottdale, PA: Herald, 1966).

우에도 우리는 그들의 결정을 존중해야 한다. 그들은 또한 세례는 **하나님이 행하시는** 것이기보다는 **그들이 행하는**(또는 믿는) 것이라고 주장할 수도 있다. 하지만 우리가 만약 세례가 **교회에서 행하는 행위**로서 결코 단지 상징적인 것이 아니라 성례적인 것이라고 주장하면서 성공회 신자와 더불어 교회가 물려준 전통을 따른다고 한다면 과연 어떻게 될까? 우리가 만약 그렇게 한다면 우리는 다시 세례를 받으려는 결정을 재고하는 것이 현명하리라.

나는 위에서 설명한 바와 같이 일종의 침례교 배경에서 신앙을 갖게 되었는데, 거기서 세례는 그리스도를 믿는 내 자신의 믿음을 표현하는 상징적 행위로 간주되었다. 세례는 오직 신자를 위한 것이었으며, 이는 종종 신자의 믿음에 관한 것이었다. 따라서 (폄하하려는 것은 아니지만) 세례 행위 자체는 그 어떤 것도 **성취하지** 않았다. 다만 그리스도에 대한 우리의 신앙을 극적으로 보여주었고 이를 증언해주었다. 우리 교회에서는 개인적으로 그리스도를 영접했음을 확실히 보여줄 때까지 그 누구에게도 세례를 주지 않았다. 나에게는 이런 일이 내가 여섯 살 정도였을 때 일어났다. 나는 엄마와 함께 무릎을 꿇고 그리스도께서 내 마음에 들어와 달라고 간구했다. 몇 년 후 나는 문답식 교육을 받았고, 이어서 교회의 어떤 집사님이 나를 면담했다. 나를 위한 세례식은 어떤 무더운 여름날 저녁 일리노이주의 프리포트에 있는 제일침례교회에서 거행되었다. 내 기억으로는, 이것은 내 신앙에 있어 하나의 큰 전환점이었다기보다는 오히려 수백 명 앞에서 간증을 해야만 했던 관계로 나에게 크나큰 긴장감을 안겨주었다. 하지만 사실 그것은 이 두 가지 모두를 내포하고 있었다.

나는 내 신앙에 대해 전혀 의구심을 갖고 있지 않았지만, 성경이 세례에 대해 어떻게 가르치고 있으며, 교회의 전통은 지금까지 어떻게 가르쳐왔는지에 대해서는 많은 질문을 가지고 있었다. 내가 처음으로 진지하게 갖게 된 질문은 그동안 내가 믿는 바를 최종적으로 철저하게 검토하기 위해 텍스트와 문헌을 다시 조사하기로 마음 먹었던 신학생 시절 초기에 생겨났다. 우리는 성장하지 않으면 정체될 수밖에 없기 때문에 나는 "최종적으로 철저하게"라는 말이 신학자들에게는 사실상 해당되지 않는다는 사실을 거의 모르고 있었다. 내가 그랜드래피즈에 있는 대학교에 다닐 당시 나는 유아 세례에 관해 사람들과 지속적으로 대화를 나눌 기회가 있었다. 왜냐하면 그곳에는 유아에게 세례를 주던 네덜란드 개혁주의 칼뱅주의자들이 무척—아니 지나치게—많이 있었기 때문이다. 그래서 나는 신학대학원에서 한 여름 방학 동안에 세례를 내 연구 주제로 삼기로 했다. 그때 나는 침례교 신자인 조지 비슬리 머리와 성공회 신자인 제프리 브로밀리를 포함하여 양측 견해를 주장하는 몇몇 대표적인 저서를 읽었다.[3] 그 당시에 나는 브로밀리가 우리의 믿음을 지지하기에 충분한 성경적 근거를 제시하지 못했기 때문에 비

3 George R. Beasley-Murray, *Baptism in the New Testament* (Grand Rapids: Eerdmans, 1962); Geoffrey W. Bromiley, *Children of Promise—The Case for Baptizing Infants* (Grand Rapids: Eerdmans, 1979).

슬리 머리의 논증이 훨씬 더 낫다고 생각했다. 그럼에도 브로밀리의 논증 가운데 일부가 내 머릿속에 깊이 박혔다. 나는 신학대학원에서 세례에 관한 신약성경 본문을 연구하는 과목 하나—그리스어 주해 및 문법에 관한 고급 과정—를 수강했다. 나는 여러 친한 친구들과 함께 그 과목을 즐겁게 수강하면서 좋은 교수를 만났지만, 그 과목이 내가 견지하던 침례교적인 결론을 확인해주는 것 외에 그 어떤 역할도 하지 못했다고 나는 기억한다.

나는 수년간 대학교 한 곳과 신학교 두 곳에서 가르쳤는데, 이 두 신학교는 과거에나 지금이나 침례교 입장을 취하면서도 그 정통성에 있어서는 상당히 관대했기 때문에 양쪽 스펙트럼을 모두 포용할 수 있었으며, 나는 그곳에서 성경을 가르치면서 책을 읽고 다양한 대화를 이어갈 수 있었다. 그 기간 동안 나는 유아 세례를 받고 그 견해를 견지하며 또 그 받은 세례를 삶으로 살아내려는 목사와 신학자와 일반 신자를 지속적으로 만났다. 노스파크 대학교에서 내가 가르쳤던 탁월한 학생 가운데 일부는 유아 세례를 받았다. 디트리히 본회퍼로부터 존 스토트, 알렉산더 슈메만, N. T. 라이트에 이르기까지 내가 선호하는 신학자와 목회자 가운데 다수는 유아 세례를 지지한다. 하지만 그들이 유아 세례를 지지한다는 사실이 내 생각까지 바꾸지는 못했다. 내 생각을 바꾼 것은 (내가 아는 바로는) 다름 아닌 성경이었다.

첫째, 골로새서 2:11-12에서 언약과 할례가 언약과 세례와 연결되어 있다는 점이 나로 하여금 할례를 비롯하여 유아 세례와의 관계에 대해 더욱 깊이 생각하도록 만들었다. 나의 침례교 신념을 뒤흔든 것은 바로 아브라함의 할례가 그의 믿음과 연관되어 있긴 하지만 그럼에도 그가 이삭의 믿음에 관해서는 전혀 개의치 않고 아들 이삭에게 할례를 주었다는 점이었다. 더 나아가 하나님은 이스라엘 백성에게 난 지 팔 일 만에 그들의 남자아이에게 할례를 주라고 말씀하셨는데, 이는 그 어린이들이 **하나님의 뜻에 따라** 그 부모의 믿음 안으로 들어오게 된 것이라고 보아야 한다는 것을 의미한다. 난 지 팔 일 된 아이에게 베푸는 언약적 할례의 배후에 바로 하나님이 계신다는 사실이 내 마음을 깊이 파고들었다. 따라서 나는 이 책에서 언약의 백성인 이스라엘의 유아들에게 할례를 베풀어 결과적으로 그들을 언약에 기초한 믿음의 가정 안으로 들어오게 하시는 하나님의 뜻을 크게 강조했다.

내 생각의 두 번째 변화는 나에게 더 큰 확신을 가져다주었다. 초기 교회의 가정 세례에 관해서는 많이 논의가 된 바 있지만, 나에게 크게 영향을 미친 생각은 바로 성경에 언급된 가정에 어린이나 유아가 없었다는 것은 사회적으로나 역사적으로 거의 불가능하다는 사고였다. 더 나아가 그당시 어떤 부모(아버지)가 세상으로부터 등을 돌리고 그리스도를 믿었을 때 그가 받은 세례는 그 집안에 있는 모든 사람에게도 확대되었다. 나는 이것이 언약적 할례의 기본 원칙을 반영한다고 보았다. 다시 말하면 성인 신자의 믿음은 아이들에게까지도 확대된다. 나의 생각에 변화를 가져다준 또 다른 사실은 유대교와 최초기 기독교를 포함하여 고대 세계에서 한 사람의 믿음은 사실상 하나의 선택이 아니라 자손 대대로 물려받는 것이었다는 점이었다. 유아에게 세례를 베푸는 것은 아주 평범한 일로 여겨졌다. 뿐만 아니라 나는 자녀들이 부모의 믿음에 기초하여 "거룩"하게 된다고 말하는 고린도전서 7:14을 이런 맥락에서 설명할 수 있다. 나는 사도 시대에 이미 유아 세례가 널리 성행했다고 확신했다. 궁극적으로 나는 세례에 있어서 무엇이 가장 중요한 것인지 우리가 선택해야 한다고 생각한다. 즉 세례는 우리가 무언가를 행하는 것인가, 아니면 하나님이 친히 무언가를 행하시는 것인가?

침묵에 근거한 두 가지 주장 역시 초기 교회가 실제로 유아 세례를 주었다는 확신을 가져다주었다. 첫 번째 주장은 유대교 안에서 검증된 관행에 근거한다. (1) 유대교는 초창기부터 자녀들을 믿음 안으로 데리고 들어왔다. (2) 예수와 사도들도 부모의 믿음으로 자녀들을 통일시키는 문화 속에서 자라났다. (3) 어린이들이 교회의 믿음으로 들어오는 것을 예수나 사도들이 반대했다는 기록은 그 어디에도 없다. 왜 그럴까? 그들은 마땅히 그래야 한다고 생각했다. 그들이 이에 대해 침묵했다는 사실은 유아 세례를 강하게 뒷받침해준다.

침묵에 근거한 두 번째 주장은 기독교 초창기부터 세례는 언제나 믿음을 고백한 성인에게만 베풀었는데, 2세기 혹은 3세기에 접어들면서부터 유아에게도 세례를 주기 시작했다는 가설과 관계가 있다. 이러한 가설에는 문제점이 있다. 만약 그들이 성인 세례에서 유아 세례로 전환했다면 이러한 갑작스러운 변화나 심지어 이러한 포괄적인 변화가 있었다는 기록이 왜 없으며, 또 초기 기독교 신학자들 가운데 이러한 현상을 목격하고 "이것 보세요! 우리는 지금 이미 검증된 사도들의 관행에서 벗어나고 있는 것 아닙니까"라고 반기를 든 사람이 있었다는 증거가 왜 없을까? 재차 강조하지만, 이러한 침묵은 이와 비슷한 효과를 낸다.

따라서 이러한 주장들은 나로 하여금 언약과 가정이라는 정황에서 세례에 관한 생각을 재정비하도록 만들었다. 여기서 우리가 강조해야 할 것은 세례가 그 사람을 구속의 언약으로 들어가게 한다는 점이다. 나는 세례의 의미를 아주 적절하게 요약한 마이클 그린의 글을 (불만스러운 것 단 한 가지만 제외하고) 좋아한다.

> 이것은 교회로 들어가는 입교 의식이다. 이것은 회개하고 믿음을 갖기 전까지는 [온전한 구속을 위해][4] 아무런 쓸모가 없지만, 하나님이 주도하신 계획을 강조한다. 이것은 하나님의 은혜와 우리의 반응 사이의 언약 관계가 베푸는 축복을 모두 우리에게 제공해준다. 이것은 우리를 예수 그리스도와만 아니라 세계 각처의 세례받은 모든 신자와도 하나가 되도록 묶어준다. 그리고 이것은 우리를 우리 주 예수 그리스도의 죽음과 부활

4 여기서 쟁점은 역시 세례가 **실제로 어린아이에게 무언가를 행하는지**에 관한 것이다. 나는 그렇다고 믿는다.

이라는 가장 심오한 신비 속으로 밀어넣는다.[5]

복음주의의 도전

그러나 유아 세례의 성경적 근거에 대한 강한 신념을 갖고 있는 자로서 나는 개인적인 믿음의 필요성을 강조하지 않은 채 이 책을 마무리하기에는 내 영혼에 복음주의 성향이 너무 많다. 복음주의자는 성경의 우위성, 하나님의 구속의 수단으로서 십자가의 중요성, 개인적인 믿음과 회심의 필요성, 그 믿음을 복음 전도와 선한 행실로 살아내는 삶의 중요성 등에 크게 공감한다. 뿐만 아니라 복음주의는 교단의 벽을 넘어선다.[6] 나는 이 모든 것을 내 존재의 핵심으로 간주한다.

이 모든 것은 나에게 다음과 같은 질문을 제기한다. 어떻게 유아에게 세례를 주면서 동시에 개인적인 믿음의 필요성을 견지할 수 있을까?" 나는 복음주의 신앙의 소유자로서 널리 알려져 있으면서도 이 문제를 깊이 숙고한 저명한 복음주의 성공회 사제인 존 스토트에게 이

5 Michael Green, *Baptism: Its Purpose, Practice, and Power* (Downers Grove, IL: InterVarsity, 1987), 53.

6 복음주의에 관해 많은 연구서와 책이 있지만, 다음 세 가지가 표준적인 저서로 정평이 나 있다. George Marsden, *Understanding Fundamentalism and Evangelicalism* (Grand Rapids: Eerdmans, 1990); David W. Bebbington, *The Dominance of Evangelicalism: The Age of Spurgeon and Moody* (Downers Grove, IL: IVP Academic, 2005); Randall Balmer, *Mine Eyes Have Seen the Glory: A Journey into the Evangelical Subculture in America*, 25th anniv. ed. (New York: Oxford University Press, 2014).

질문에 대한 답을 구하고자 한다. 스토트는 여러 주제와 관련하여 나의 생각을 바꾸어놓았다. 그가 유아 세례에 관해 말한 것은 이 책의 내용과 일치한다. 물론 내가 그의 말을 어느 정도 다르게 표현하긴 했지만 말이다. 첫째, 그는 세례가 무엇인지에 관해 다루는데, 우리는 서로 이에 동의한다.

> 따라서 세례는 새 시대에 속한 새 언약으로 들어가는 시작점이라는 점에서 종말론적 성례로 이해할 수 있다. 세례는 우리를 그리스도 안으로 들어가게 함으로써 이를 실현한다. 왜냐하면 예수 그리스도는 새 언약의 중재자이자 그 언약이 주는 축복의 시혜자이시기 때문이다.

나는 세례를 이런 방식으로 표현하는 것을 좋아하는데, 나는 여기에 단지 교회를 좀 더 결부시킬 것을 제안할 뿐이다. 이어서 스토트는 세례 신학으로 넘어간다.

> 요약하자면 세례는 예수 그리스도의 죽으심 및 부활과 연합하는 것을 의미하며, 이는 (죄 사함을 통한) 옛 삶의 종결과 (성령의 은사를 통한) 새로운 삶의 시작을 수반한다. 다시 말하자면 세례는 칭의(단번에 깨끗함을 받고 자녀로 받아들여짐)와 갱생(성령을 통해 의로운 삶으로 거듭남)을 가져다주시는 그리스도와의 연합을 의미한다. 우리는 또한 이러한 세례의 세 가지 의미에 그리스도와의 연합은 그리스도의 몸인 교회와 연합하

는 것을 포함한다는 사실을 덧붙여야만 한다.[7]

스토트가 강조한 "연합"이라는 용어는 매우 중요하다. 세례는 세례받는 자를 그리스도 및 그리스도의 몸—즉 교회—과 연합시킨다. 이 용어는 세례라는 것이 우리가 행하는 것이 아니라 하나님의 은혜 안에서 우리에게 이루어지는 것임을 강조한다.

스토트는 이어서 고린도전서 7:14과 골로새서 2:11-12을 살펴보고 다음과 같이 지적한다. "세례는 이러한 복을 우리에게 부여해주는 것이 아니라 이러한 복을 얻을 수 있는 권리 또는 자격을 우리에게 부여해준다. 따라서 우리가 진정으로 믿으면 우리는 세례가 우리에게 허락한 복을 받게 된다."[8] 나는 스토트가 여기서 자신이 "연합"이라는 용어를 사용해 말한 것의 의미를 약화시키고 있다고 생각한다. 만약 세례가 우리를 연합시킨다면 세례는 실제로 무언가를 성취하고 있는 것이다. 세례는 그 어린이를 그리스도를 믿는 믿음의 여정에 합류시킨다. 하지만 스토트는 성인 신자 세례와, 가족과 교회에 둘러싸여 진행되는 유아 세례가 똑같지 않다는 사실을 잘 알고 있다. 그런 면에서 그의 생각은 옳다.

---

7 John R. W. Stott and J. Alec Motyer, *The Anglican Evangelical Doctrine of Infant Baptism* (London: Latimer Trust, 2008), 9.

8 Stott and Motyer, *Infant Baptism*, 16.

> **진정으로 믿는 성인**에게 세례라는 언약적 표징은 (아브라함이 99세 때 받은 할례와 같이) 이미 믿음으로 받은 은혜를 가리키며 이를 확증한다. 세례라는 언약적 표징은 믿는 부모의 **어린 씨앗**에게도 주어지는데, 이는 그들이 언약 안에서 태어났고, 또 이로써 나중에 다시 믿음으로 받아들여야 한다는 조건하에 그들이 "거룩하기" 때문이다.[9]

그럼에도 어쨌든 씨앗은 씨앗일 뿐이며, 씨앗은 물을 주어 자라나야 한다. 하지만 우리가 우리 자녀에게 믿음이라는 것이 저절로 주어지는 것으로 여기지 않도록 언제나 가족부터 복음을 전할 것을 강조해온 영원한 복음전도자 스토트도 유아 세례를 받은 어린이가 성인으로 성장하면서 반드시 개인적인 신앙을 가져야 한다는 사실을 강하게 시사한다.

> 자신들의 영혼을 위해서라도 사람들은 그들이 받은 표징이, 제아무리 그들에게 선물을 받을 자격을 부여한다 할지라도, 그들에게 선물을 실제로 주지 않는다는 점을 명심할 필요가 있다. **그들은 자신들에게 마련된 것을 받으려면 개인적인 회개와 믿음이 반드시 필요하다는 점을 분명히 깨달아야 한다.**[10]

---

9 Stott and Motyer, *Infant Baptism*, 17.

10 Stott and Motyer, *Infant Baptism*, 20(강조는 덧붙여진 것임).

나는 그가 "분명히 깨달아야 한다"라고 말하는 것에 대해 전적으로 동의하며, 그러한 가르침에 대한 성경적 배경은 출생과 세례로부터 성인이 될 때까지 청소년기의 신앙 교육에 관심을 쏟는 언약에 기초한 가족과 언약에 기초한 교회에 있다고 본다. 세례는 하나의 행위로서 **무언가를 성취하지만**, 개인적인 믿음이 수반되지 않는 세례는 결단코 **그 의도했던 바를 온전히 이루지 못한다**. 유아들을 이스라엘과의 언약과 그리스도와의 언약 관계 속으로 인도하신 성경의 하나님께 충성을 다하려면 우리는 은혜의 씨앗을 유아의 마음 밭에 심어야 하며, 그 어린이가 믿고 순종하며 세례의 은혜를 따라 살도록 권면해야 한다.

신앙 교육에 있어 가정의 중요한 역할을 고려하지 않은 채 유아 세례를 비판하는 것은 교회 안에서 부모의 중요한 역할을 제대로 강조하지 않은 채 유아 세례를 옹호하는 것만큼이나 공허하다. 내가 최종적으로 도달한 결론은 유아 세례가 신앙 교육을 위한 제도로서 우리가 교회와 가정을 어떻게 이해하느냐는 문제와 직결되어 있다는 것이다. 믿음을 어떤 개인적인 것으로 보면 볼수록 할례와 세례 간의 가정-언약적 연관성은 더욱더 약화되기 마련이다. 이에 대한 가장 흉측한 예는 바로 자기 자신에게 주는 세례(self-baptism)라고 할 수 있다. 하지만 세례를 교회와 가정에 기초한 신앙 교육의 정황에서 하나님이 행하시는 행위로서 강조하면 할수록 우리는 세례를 성경이 제시하는 비전과 가장 잘 일치하는 것으로 간주하게 될 것이다.

후기

나는 수십 년 전에는 침례교 목사였다. 어느 날 나는 신약성경을 읽던 중 어쩌면 그 이전에도 수백 번 읽었을 법한 본문이 갑자기 새로운 의미로 다가오는 바람에 마음이 심란해지는 경험을 했다. 첫 번째 본문은 고린도전서 10:16이었는데, 이 본문은 나로 하여금 성만찬이 단지 이천 년 전에 일어난 일을 머릿속으로 기억하는 것이라는 나의 생각을 재고하도록 만들었다. 그 이후로는 다른 두 본문(롬 6장과 골 2장)이 또다시 나로 하여금 세례에 대해 재고하도록 만들었다. 로마서의 첫 몇 구절을 읽는 동안 나는 여기서 묘사하는 세례가 **우리가** 무언가를 하는 것이 아니라 **하나님**이 우리에게 무언가를 행하시는 것임을 깨닫게 되었다. 바울은 우리가 "그리스도 예수와 **합하여** 세례를 받"고 "그의 죽으심과 **합하여** 세례를 받았다"라고 기록한다(6:3). 우리는 "그의 죽으심과 합하여 세례를 받음으로 그와 함께 장사"되었으며(4절) 그와 "연

합한 자"가 되었다(5절). 바울에게 있어 세례는 어떤 신비스러운 방식으로 우리의 "옛 사람이 예수와 함께 십자가에 못 박힌" 사건이다(6절).

수년 동안 나는 세례가 단순히 우리가 예수의 제자임을 세상에 선포하기 위해 **우리가** 무언가를 행하는 것이라고 믿고 또 그렇게 설교해왔다. 나는 우리가 물에 잠기거나 물을 뿌릴 때 어떤 신비로운 일이 우리 안에 일어난다고 생각하지 않았다. 우리는 단지 성경이 우리에게 요구하는 것에 순종할 뿐이었다.

그리고 골로새서 2장도 이와 동일한 강도로 나에게 새롭게 다가왔다. 그 본문(11-12절)에서 세례는 유대교 할례와 비교된다. 나는 유대인 남자 아기가 할례를 통해 하나님과 이스라엘이 맺은 언약 관계 안으로 들어온다는 것을 알고 있었다. 이것은 단지 상징적인 의미로만이 아니라 구속사에서 실제로 일어난 사건이었으며, 이 남자 아기는 이 할례를 통해 완전히 변화되었다. 랍비를 비롯하여 그의 부모는 이제 그를 완전히 "언약의 아들"로 간주하게 되었다. 따라서 골로새서 저자는 구약의 할례에 대응하는 신약의 제도가 세례라고 말한다. 세례는 인간의 "손으로 하지 아니한 할례" 곧 "육의 몸을 벗는" 것이며, 따라서 우리는 "세례로 그리스도와 함께 장사되"었다는 것이다.

이어서 나는 내가 그 이전에 간과했던 다른 세례 관련 본문들을 다시 살펴보았다. 예수는 마치 물이 성령을 부어주는 것처럼 우리가 "물과 성령으로" 거듭나야 한다(요 3:5)고 말했다. 바울도 디도에게 쓴 편지에서 물과 갱생을 서로 연결한다. "우리를 구원하시되…중생의 물

[씻음]과 성령의 새롭게 하심으로 하셨나니"(3:5).

재차 강조하지만, 세례는 무언가 **우리**가 행하는 것이 아니라 **하나님이 우리에게** 행하시는 것이라고 할 수 있다. 세례는 이스라엘의 하나님의 아들이신 메시아 예수와 우리를 하나로 묶어준다. 그가 죽으시고 다시 살아나셨기 때문에 우리도 그와 함께 죽고 다시 살아나는 것이다. 믿음은 우리가 그와의 연합을 계속 유지하는 데 있어 필수적이지만, 성령이 행하시는 하나님의 신비로운 사역은 세례를 통해 시작된다.

처음에는 나의 침례교적 성향이 이러한 새로운 깨달음에 저항했다. 과연 이것은 세례가 저절로 사람을 구원한다는 의미였을까? 나는 어려서 유아 세례를 받은 회의론자와 방탕한 자를 너무도 많이 알고 있었다. 또한 나는 세례가 어떤 실제적인 것을 제공해주며, 이를 등한시할 때 맞이하게 되는 결과는 영원한 것이라는 사실을 서서히 깨닫게 되었다. 나중에 나는 이것을 새로 태어난 아기의 부모가 그 아기에게 재산을 물려주는 경우—그 아이가 성인이 된 후 그 재산에 대한 권리를 주장한다는 조건하에—에 비유하게 되었다. 그런 상황에 처한 자녀들이 커서 부모를 미워하게 되는 경우가 간혹 있는데, 그럴 경우 그들은 유산을 물려받기를 거부하고 그 재산을 포기한다. 이것이 바로 하나님과 세례를 통해 하나님이 그들에게 주신 선물을 거부하는 모든 이에게 일어나는 일이다.

나는 대학원에서 초기 교회 교부들의 글을 읽기 시작했다. 로마서 6장과 골로새서 2장에서 새로운 것을 발견한 지 얼마 되지 않아 나는 교부들도 세례에 관해 비슷한 관점을 가지고 있었다는 것을 발견하게 되었다. 순교자 유스티누스는 로마에서 세례받는 자들이 "우리의 인도를 따라 물이 있는 곳으로 나아오고, 우리가 거듭난 방식과 동일하게 거듭난다"라고 썼다(*First Apology*, 61). 테르툴리아누스는 "어떤 의미에서 그 물은 [기도를 통해] 치유의 능력을 갖게 되어…이로써 [세례받은 자의] 영이 그 물을 통해 육체적으로 깨끗함을 얻는 반면, 그 육신은 바로 그 같은 물을 통해 영적으로 깨끗함을 얻는다"라고 말했다(*Baptism* 4). 「사도전승」(*Apostolic Tradition*)에는 어떤 주교가 다음과 같이 기도한다. "당신은 성령이 주시는 거듭남의 세례(용 대야)를 통해 죄 사함을 받을 자격을 그들에게 주셨습니다"(21). 이집트 북부에 있는 트무이스의 주교인 세라피온은 세례받은 자들이 "목욕을 통해 정결함을 얻고 성령 안에서 새롭게 되었다"라고 말했다(*Prayers* 15). 이레나이우스는 세례를 죄 사함과 연결시킨다(*Demostration of the Apostolic Preaching* 3).

그렇다면 과연 유아 세례는 어떠한가? 나의 친구 스캇이 보여준 증거와 같이 유아 세례는 첫 15세기 동안 거의 대부분의 교회가 보편적으로 행해오던 관행이었다. 그 위대한 아우구스티누스가 말한 것처럼 "갓 태어난 아기든 병약한 노인이든—아무도 세례에서 배제되어서는 안 되므로—세례를 통해 죄에 대하여 죽지 않는 사람은 아무도 없다"(*Enchiridion* 43).

일단 내가 구약의 할례와 신약의 세례의 연관성을 인식한 후에는 유아를 이 관계에 포함시키는 것이 아무런 문제가 되지 않았다. 아무튼 바울도 할례가 믿음으로 주어지는 의의 표징인 언약을 확정하는 것이라고 말했다(롬 4:11). 아브라함의 경우에는 할례가 믿음 이후에 행해졌지만, 이삭의 경우에는 할례가 믿음 **이전에** 행해졌다. 따라서 바울은 한편으로 구원에 있어 필수적인 믿음과 또 다른 한편으로 자각적인 믿음의 명백한 표징이 없는 아기에게 행하는 할례를 서로 조화시키는 데 아무런 문제가 없었다.

하지만 신약성경에는 이보다 더 많은 증거(확증은 아니라 하더라도)가 들어 있다. 성경 전반에 걸쳐 하나님은 아브라함, 노아, 빌립보 감옥을 지키는 간수 등 다양한 가정을 다루신다. 스캇은 본서에서 이러한 증거의 일부를 상세하게 다루었다. 그는 신자의 자녀들에 관한 바울의 진술을 논의하기도 했다. "너희 자녀도…거룩하니라"(고전 7:14). 이것은 도덕적인 거룩함 혹은 시민의 적법성이 아닌 언약적 신분을 나타낸다. 가정을 언약 관계 안으로 이끄실 때 하나님은 그 가정의 자녀들을 성결하게 하신다. 따라서 유대인 신자들이 아기에게 세례를 주는 것은 더욱더 적절해 보인다. 왜냐하면 그들은 남자 아기에게 할례를 행하고 그 할례가 그들에게 새로운 신분을 부여한다고 믿는 데 매우 익숙했기 때문이다.

스캇은 신약성경에 등장하는 여러 가정—루디아, 빌립보 감옥의 간수, 스데바나, 그리고 아마도 고넬료—의 구원에 대해서도 논의했다. 비록 이러한 가정 세례에서 유아들에 대한 특별한 언급은 없지만, 초기 교회 지도자들이 아마도 세례자 요한과 같은 1세기 유대인들의 관습에서 세례를 가져왔기 때문에 유아들에게 세례를 주었을 개연성이 높다. 그런데 흥미로운 자료가 더 있다. 우리에게는 이방인들이 유대교로 개종할 때 그 온 집안 사람—주로 어린이와 유아를 포함—이 모두 세례를 받았다는 좋은 역사적 증거가 있다. 대다수 유대인 지도자들은 이러한 가정 세례에 대해 잘 알고 있었다.

나는 오랫동안 내 나이 열여덟 살에 예수를 믿고 회심했을 때 비로소 그리스도인이 되었다고 말했다. 하지만 이제 나는 확실히 잘 모르겠다. 이제 나는 내가 받은 유아 세례와 내 생애 첫 18년 동안 내 머릿속에 주입된 하나님을 두려워하는 마음을 생각해본다. 비록 내가 몇몇 심각한 죄를 범하기도 했지만, 이러한 하나님에 대한 두려움은 내 인생 전체를 망가뜨렸을 수도 있었던 다른 죄로부터 나를 보호해주었다. 그 두려움은 또한 조나단 에드워즈가 중생은 예수를 믿고 진정한 회심이 일어나기 수년 전에 먼저 나타날 수 있다고 말한 것이 무엇을 의미하는지를 깨닫게 해주었다. 조나단 에드워즈와 장 칼뱅은 예컨대 고넬료라는 인물은 베드로가 그에게 예수에 관해 말해주는 것을 듣기 이전에 이미 거듭났을 것이라고 믿었다. 에드워즈는 고넬료가 유대인 메시아를 발견하기 수년 전에 이미 중생했을 것이라고 생각한다.

이제 나는 사람들에게 내가 유아 세례를 받을 때 성령께서 이미 내 안에 씨앗을 심으셨고, 그 씨앗은 18년 후에 마침내 내 안에 회심의 열매를 맺었다고 말한다.

제럴드 R. 맥더못

비슨 신학대학교

성공회 신학 담당 교수

교회와 유아 세례

나는 왜 유아 세례를 지지하는가?

1쇄 발행 2020년 12월 17일

지은이 스캇 맥나이트
옮긴이 홍수연
펴낸이 김요한
펴낸곳 새물결플러스

편　집 왕희광 정인철 노재현 한바울 정혜인
이형일 나유영 노동래 최호연
디자인 윤민주 황진주 박인미 이지윤
마케팅 박성민 이원혁
총　무 김명화 이성순
영　상 최정호 곽상원
아카데미 차상희

홈페이지 www.holywaveplus.com
이메일 hwpbooks@hwpbooks.com
출판등록 2008년 8월 21일 제2008-24호
주　소 (우) 04118 서울시 마포구 마포대로19길 33
전　화 02) 2652-3161
팩　스 02) 2652-3191

ISBN 979-11-6129-185-7 03230

책값은 뒤표지에 있습니다.

이 도서의 국립중앙도서관 출판예정도서목록(CIP)은 서지정보유통지원시스템 홈페이지(seoji.nl.go.kr)와 국가자료공동목록시스템(nl.go.kr/kolisnet)에서 이용하실 수 있습니다. CIP2020050472